D1720033

Sören Hellfritzsch

# Realisierung der SEPA mit SAP

Darstellung der gesetzlichen und
theoretischen SEPA-Anforderungen
und deren Umsetzung im SAP-System

Diplomica Verlag GmbH

**Hellfritzsch, Sören: Realisierung der SEPA mit SAP: Darstellung der gesetzlichen und theoretischen SEPA-Anforderungen und deren Umsetzung im SAP-System.**
Hamburg, Diplomica Verlag GmbH 2013

Buch-ISBN: 978-3-8428-9337-5
PDF-eBook-ISBN: 978-3-8428-4337-0
Druck/Herstellung: Diplomica® Verlag GmbH, Hamburg, 2013

**Bibliografische Information der Deutschen Nationalbibliothek:**
Die Deutsche Nationalbibliothek verzeichnet diese Publikation in der Deutschen
Nationalbibliografie; detaillierte bibliografische Daten sind im Internet über
http://dnb.d-nb.de abrufbar.

© Diplomica Verlag GmbH
Hermannstal 119k, 22119 Hamburg
http://www.diplomica-verlag.de, Hamburg 2013
Printed in Germany

# Inhaltsverzeichnis

## Abkürzungsverzeichnis

| | |
|---|---|
| AOS | Additional Optional Services |
| B2B | Business-to-Business |
| BAdI | Business Add-In |
| BaFin | Bundesanstalt für Finanzdienstleistungsaufsicht |
| BIC | Business Identifier Code |
| BITKOM | Bundesverband Informationswirtschaft Telekommunikation und Neue Medien |
| BLZ | Bankleitzahl |
| camt | Cash Management, XML-Nachricht zum Austausch von Informationen des Liquiditätsmanagements |
| CI | Creditor Identifier |
| CSM | Clearing and Settlemet Mechanism |
| CSV | Comma-separated values |
| CT | Credit Transfer, Überweisung |
| D | Day, Geschäftstag |
| DD | Direct Debit, Lastschrift |
| DFÜ | Datenfernübertragung |
| DK | Deutsche Kreditwirtschaft |
| DMEE | Data Medium Exchange Engine |
| DTA | Datenträgeraustausch-Verfahren |
| DTAUS | Datensätze im DTA-Datenformat |
| DTAZV | Datenträgeraustausch Auslandszahlungsverkehr |
| ECBS | European Committee for Banking Standards |
| EG | Europäische Gemeinschaft |
| EHP | Enhancement Package |
| ELV | Elektronisches Lastschriftverfahren |
| EMZ | Elektronischer Massenzahlungsverkehr |
| EPC | European Payments Council |
| ERP | Enterprise Resource Planning |
| EU | Europäische Union |
| EWR | Europäischer Wirtschaftsraum |
| EZB | Europäische Zentralbank |
| FI | Financial Accounting, SAP-Finanzbuchhaltung |
| FI-AP | Accounts Payable, SAP-Kreditorenbuchhaltung |

| | |
|---|---|
| FI-AR | Accounts Receivable, SAP-Debitorenbuchhaltung |
| FI-CA | Contract Accounts Receivable and Payable |
| FI-TV | Travel Management, SAP-Reisemanagement |
| FNAL | letzte Lastschrift |
| FRST | Erst-Lastschrift |
| GUI | Graphical User Interface |
| GVC | Geschäftsvorfallcode |
| HR | Human Resources |
| IBAN | International Bank Account Number |
| IMG | Implementation Guide |
| ISO | International Organization for Standardization |
| IT | Informationstechnologie |
| IZV | Inlandszahlungsverkehr |
| KMU | Kleine und mittlere Unternehmen |
| MT | Message Type, SWIFT-Nachrichtentyp |
| NFC | Near Field Communication |
| OOFF | Einmal-Lastschrift |
| pacs | Payment Clearing Settlement, XML-Bank-an-Bank-Nachricht |
| pain | Payment Initiation, XML-Kunde-Bank-Nachricht |
| PDF | Portable Document Format |
| PMW | Payment Medium Workbench |
| PSD | Payment Services Directive |
| RCUR | Folge-Lastschrift |
| SAP | Systeme, Anwendungen, Produkte in der Datenverarbeitung |
| SCF | SEPA Cards Framework |
| SCL | SEPA-Clearer des EMZ der Deutschen Bundesbank |
| SCT | SEPA Credit Transfer |
| SDD | SEPA Direct Debit |
| SEPA | Single Euro Payments Area |
| SEPA_CT | SEPA Credit Transfer (SAP-Abkürzung) |
| SEPA_DD | SEPA Direct Debit (SAP-Abkürzung) |
| STP | Straight-through Processing |
| SWIFT | Society for Worldwide Interbank Financial Telecommunication |
| TARGET2 | Trans-European Automated Real-time Gross Settlement Express Transfer System (2) |
| TR-CM | SAP-Cash Management |

| | |
|---|---|
| TR-TM | SAP-Treasury Management |
| UCI | Unique Creditor Identifier |
| VAS | Value Added Service |
| VÖB | Bundesverband öffentlicher Banken Deutschlands e. V. |
| XML | Extensible Markup Language |
| XSL | Extensible Stylesheet Language |
| XSLT | Extensible Stylesheet Language for Transformations |
| ZAG | Zahlungsdiensteaufsichtsgesetz |
| ZKA | Zentraler Kreditausschuss |
| ZV | Zahlungsverkehr |

# Abbildungsverzeichnis

# Tabellenverzeichnis

# 1. Einleitung

Das Europäische Parlament und der Europäische Rat haben im Februar 2012 die EU-Verordnung zur weiteren Harmonisierung von Zahlungsdiensten im EU-Binnenmarkt beschlossen. Zehn Jahre nach der Bargeldeinführung des Euro im Jahr 2002 wird mit dem Euro-Zahlungsverkehrsraum SEPA (Single Euro Payments Area) auch der bargeldlose Zahlungsverkehr in Europa vereinheitlicht.[1]

Die derzeitige europäische Zahlungsverkehrslandschaft ist durch eine Heterogenität an unterschiedlichen Dateiformaten, die in den verschiedenen nationalen Systemen des Inlands- und Auslandszahlungsverkehrs zum Einsatz kommen, gekennzeichnet. Der Vereinheitlichung des europäischen Zahlungsverkehrs stehen zurzeit die unterschiedlichen Zahlungsverkehrsinfrastrukturen mit jeweils eigenen Dateiformaten und den damit implizierten Systembrüchen entgegen. Die Definition des SEPA-Datenformates zielt auf eine Konvergenz zu einem einheitlichen europäischen Standard im Zahlungsverkehrssektor.

In dieser Arbeit soll die Umsetzung der sich aus der Einführung der SEPA ergebenden Anforderungen im SAP-System erörtert werden. Dazu wird in Kapitel 2 zunächst die Zielsetzung und Bedeutung für die teilnehmenden SEPA-Länder erläutert. Anschließend werden die gesetzlichen Rahmenbedingungen für die SEPA Initiative aufgezeigt. In den Kapiteln 4 und 5 werden die theoretischen Grundlagen der SEPA-Umsetzung und deren neue Zahlungsinstrumente beleuchtet. Das Kapitel 6 befasst sich mit den Auswirkungen der SEPA auf die Prozesse im Unternehmen und der Fragestellung, ob sich aus der SEPA-Einführung gewisse Synergien und Optimierungspotentiale in den Unternehmensprozessen ergeben können. Es folgt eine ausführliche Darstellung der konkreten Umsetzung der SEPA-Anforderungen im SAP-System, bei der u.a. die Werkzeuge, die die SAP bereitstellt, vorgestellt werden. SAP liefert an alle Kunden mit gültiger Wartungsvereinbarung die funktionalen Erweiterungen aus, um die SEPA-Kompatibilität des SAP-Systems zu gewährleisten. Der heutige DTA-Zahllauf im SAP-System ist durch die entsprechende SEPA-Business-Logik zu ergänzen. Im Anschluss werden

---

[1] Vgl. http://www.voeb.de/de/themen/zahlungsverkehr/verabschiedung_sepa_verordnung, Stand 05.04.2012.

die wichtigsten Punkte zusammengefasst und ein Ausblick auf die möglichen Entwicklungen im harmonisierten Zahlungsverkehrsraum gegeben.

Diese Arbeit verfolgt eine anwendungsorientierte Zielsetzung, die neben der Beschreibung und Erklärung der SEPA-Zahlungsverfahren die konkrete Umsetzung der Sachverhalte im SAP-System behandelt. Die vorliegende Arbeit wurde auf Basis des Enhancement Package 4 des SAP ERP 6.0-Systems der FOM Hochschule für Oekonomie & Management erstellt. Als Informationsquellen wurden neben Beschreibungen fachspezifischer Prozesse, Dokumentationen bestehender SAP-Software-Lösungen sowie die gültigen SEPA-spezifischen gesetzlichen Richtlinien und Ergebnisse von Erhebungen Dritter genutzt.

## 2. Definition SEPA

SEPA bedeutet Single Euro Payments Area und bezeichnet den einheitlichen Zahlungsverkehrsraum für Finanztransaktionen in Euro.[2] [3] Die Umstellung von den nationalen Zahlungsverfahren in Euro auf SEPA ist eine gesetzliche Verpflichtung, die von jedem Kreditinstitut, Unternehmen und Verbraucher in allen teilnehmenden Ländern umgesetzt werden muss.[4] Die neuen europäischen Zahlungsinstrumente für Lastschriften und Überweisungen sowie das Rahmenwerk für Kartenzahlungen wurden sukzessive seit 2008 sowohl für den grenzüberschreitenden als auch für den nationalen Euro-Zahlungsverkehr eingeführt. Die nationalen Zahlungsverfahren für Überweisungen und Lastschriften werden auf der gesetzlichen Grundlage der EU-Verordnung Nr. 260/2012 zum 01.02.2014 endgültig durch die SEPA-Zahlungsverfahren abgelöst.[5]

## 2.1 Problemstellung

Die Nutzung der neuen SEPA-Verfahren zeigt im rein marktgetriebenen Ansatz nur sehr langsame Fortschritte. In Deutschland lag der SEPA-Anteil bei Überweisungen, die über die Bundesbank abgewickelt worden sind, im 2. Halbjahr 2011 bei 5,56 %. Im Euroraum lag der SEPA-Anteil bei Lastschriften im April 2012 bei 0,35%.[6] Vor allem liegt dies an den über Jahrzehnte entwickelten nationalen Verfahren, die die jeweiligen Bedürfnisse des Marktes weitgehend abdecken. Weiterhin gibt es eine große Divergenz bei den technischen Formaten und Standards zur nationalen Zahlungsabwicklung in den einzelnen Euro-Ländern. Es gelang der europäischen Kreditwirtschaft bisher nicht, die angestrebte kritische Masse zu erreichen, die zur Ablösung der nationalen Zahlungsverfahren geführt hätte. Ohne die Festsetzung von Auslaufterminen für die nationalen Zahlungsverfahren ließ sich

---

[2] Vgl. EU-Verordnung Nr. 260/2012 (2012), S. 1.

[3] Vgl. IT-Novum Whitepaper (2012), S. 4.

[4] Vgl. IT-Novum Whitepaper (2012), S. 4.

[5] Vgl. http://www.die-deutsche-kreditwirtschaft.de/dk/zahlungsverkehr/sepa/inhalte-der-sepa.html, Stand 01.09.2012.

[6] Vgl. http://www.bundesbank.de/Redaktion/DE/Downloads/Kerngeschaeftsfelder/Unbarer_ Zahlungsverkehr/informationsveranstaltung_zahlungsverkehr_und_kontofuehrung_fuer_kreditinstitute_juni_2012.pdf, Stand 29.07.2012.

die SEPA bisher nicht vollumfänglich umsetzen.[7] [8] Die umfänglichen Vorteile des gemeinsamen pan-europäischen Zahlungsverkehrsraums können nur lukriert werden, wenn eine kritische Masse diese auch wirklich nutzt.[9] Mit Inkrafttreten der EU-Verordnung Nr. 260/2012 zum 30.03.2012 wurden verbindliche Endtermine der nationalen Verfahren festgelegt. Durch die gesetzliche Regulierung zur endgültigen SEPA-Einführung ist eine gewisse Dringlichkeit entstanden, die die Unternehmen und Banken verpflichtet, die sich dadurch ergebenden komplexen Änderungen bis zum 01.02.2014 umzusetzen und die entsprechenden Anpassungen in den IT-Systemen durchzuführen.

## 2.2 Zielsetzung und Bedeutung von SEPA

Das strategische Ziel der SEPA ist die Weiterentwicklung des Euro-Währungs-gebietes zu einem vollständig integrierten inländischen Zahlungsverkehrsraum.[10] Dadurch soll die Abwicklung von bargeldlosen Zahlungen innerhalb der Teilneh-merländer standardisiert werden, sodass es keine Unterschiede zwischen nationa-len und grenzüberschreitenden Zahlungen mehr gibt.[11] [12]

Das Europäische Parlament und der Europäische Rat haben im Februar 2012 die EU-Verordnung Nr. 260/2012 zur weiteren Harmonisierung von Zahlungsdiensten im EU-Binnenmarkt beschlossen. Nach der Bargeldeinführung des Euro im Jahr 2002 wird mit SEPA auch der bargeldlose Zahlungsverkehr in Europa vereinheit-licht und ein weiterer Meilenstein für einen gemeinsamen Binnenmarkt erreicht.[13] [14] Eine Vorgabe war, dass der neue SEPA-Zahlungsverkehr so effizient, einfach, kostengünstig und sicher durchgeführt werden soll wie die jeweiligen bestehenden nationalen Verfahren.[15] Neben der Konsolidierung der Zahlungssysteme sollen

---

[7] Vgl. http://www.sepadeutschland.de/de/ueber-sepa, Stand 29.07.2012.

[8] Vgl. Habersack, M., Mülbert, P. O., Nobbe, G. (2010), S. 6f.

[9] Vgl. Lammer, T. (2006), S. 152.

[10] Vgl. Lammer, T. (2006), S. 144.

[11] Vgl. IT-Novum Whitepaper (2012), S. 4.

[12] Vgl. Toussaint, G. (2009), S. 37.

[13] Vgl. http://www.voeb.de/de/themen/zahlungsverkehr/verabschiedung_sepa_verordnung, Stand 05.04.2012.

[14] Vgl. Bundesverband deutscher Banken e. V. (2012), S. 12.

[15] Vgl. Dittrich, A., Egner, T. (2012), S. 18.

gleiche Wettbewerbsbedingungen geschaffen werden. Die erheblichen Preisunterschiede und Verarbeitungszeiten, bedingt durch fehlende länderübergreifende technische Standards und Regeln sowie unterschiedlicher lokaler Zahlungsgewohnheiten und Zahlungsinstrumente, sollen mit der Etablierung der SEPA aufgehoben werden.[16] [17]

## 2.3 Teilnehmerländer

Der elektronische Zahlungsverkehr ist durch die Einführung der SEPA in 32 europäischen Ländern vereinheitlicht. Mit SEPA wurde somit eine Infrastruktur geschaffen, die es ermöglicht, grenzüberschreitende Zahlungsvorgänge genauso schnell abzuwickeln wie Zahlungsvorgänge im Inland. Der einheitliche Euro-Zahlungsverkehr in und zwischen den 32 Teilnehmerländern soll damit schneller, einfacher und sicherer abgewickelt werden. Die Mitgliedschaft wurde auch auf Staaten ausgeweitet, die den Euro derzeit nicht als Landeswährung verwenden. Teilnehmerländer sind alle 27 Mitglieder der Europäischen Union (EU), zudem Island, Liechtenstein und Norwegen, die zum Europäischen Wirtschaftsraum (EWR) gehören, sowie Monaco und die Schweiz.[18] [19] Im Anhang 1 befindet sich eine Übersicht der SEPA-Teilnehmerländer.

---

[16] Vgl. Weiss, J. (2009), S. 39.

[17] Vgl. Habersack, M., Mülbert, P. O., Nobbe, G. (2010), S. 2f.

[18] Vgl. UniCredit Bank AG (2012a), S. 8 f.

[19] Vgl. Bundesverband deutscher Banken e. V. (2012), S. 12.

## 3. Die gesetzlichen Voraussetzungen für SEPA

Die Realisierung der SEPA ist Bestandteil der Entwicklung und Umsetzung des gemeinsamen Binnenmarktes der EU. Was 1957 mit den Römischen Verträgen zur Schaffung der Europäischen Wirtschaftsgemeinschaft (EWG) begann und 1992 mit dem Vertrag von Maastricht zur Gründung der Europäischen Wirtschafts- und Währungsunion (EWWU) weitergeführt wurde, erreicht nun mit SEPA einen weiteren Meilenstein.[20] Zur Unterstützung dieser politischen Forderung wurde von der europäischen Kreditwirtschaft ein eigenständiges Gremium, das European Payments Council (EPC) gegründet, von dem u. a. die Regelwerke (Rulebooks) definiert wurden. Neben den grundlegenden EPC-Richtlinien und der Zahlungsdiensterichtlinie PSD gibt es einige länderspezifische Besonderheiten der Teilnehmerländer. Diese Regelungen werden von den nationalen Interessenverbänden wie z.B. der Deutschen Kreditwirtschaft (DK) festgelegt und in das zu verabschiedende Deutsche Begleitgesetz aufgenommen. Mit der Verabschiedung der EU-Verordnung Nr. 260/2012 wurde der Wunsch der europäischen Kreditwirtschaft nach einem verbindlichen Endtermin für nationale Zahlungsverfahren erfüllt.

## 3.1 Zahlungsdiensterichtlinie PSD

Die EU-Finanz- und Wirtschaftsminister haben sich im März 2007 über die Richtlinie für Zahlungsdienste im Binnenmarkt (Payment Services Directive, PSD) geeinigt. Die PSD, die im Europäischen Parlament verabschiedet wurde und am 01.11.2009 in Kraft trat, reguliert alle Zahlungen in europäischen Währungen in Europa und bildet damit auch den rechtlichen Rahmen für SEPA.[21] Mit der PSD kann der Zahlungsverkehr europaweit auf einer rechtlich einheitlichen Basis abgewickelt werden. Die PSD umfasst inhaltlich nicht nur die SEPA-Zahlungsverfahren, sondern auch die nationalen Zahlungsverfahren. Darüber hinaus gilt die PSD auch für Währungen anderer EU-Mitgliedsstaaten, während die SEPA sich nur auf Euro-Zahlungen bezieht.[22] Ein wesentlicher Bestandteil der PSD ist die Reduzierung der

---

[20] Vgl. http://www.westlb.de/cms/sitecontent/westlb/westlb_de/de/ul/ts/zahlungsverkehr_/sepa_/was_bedeutet_sepa.html, Stand 22.07.2012.

[21] Vgl. UniCredit Bank AG (2012a), S. 5.

[22] Vgl. Habersack, M., Mülbert, P. O., Nobbe, G. (2010), S. 15.

maximalen Ausführungsfrist (D+1). Die Kreditinstitute sind seit dem 01.01.2012 verpflichtet, beleglose Zahlungen innerhalb eines Geschäftstages abzuwickeln. Für beleghafte Zahlungen erhöht sich die Ausführungsfrist um einen zusätzlichen Geschäftstag (D+2). Außerdem wurde in der PSD die Kontoprüfung beim Empfängerinstitut mit Wirkung zum 01.11.2009 geändert. Es wird seitdem nicht mehr geprüft, ob der Name auf der Überweisungsgutschrift mit dem des Überweisungsauftrages übereinstimmt und nur noch nach Kontoidentifikationen (Kto./BLZ oder IBAN/BIC) gebucht.[23]

## 3.2 EPC-Richtlinien

Die europäischen Banken haben sich zur selbstregulierten Gestaltung und Umsetzung der SEPA den European Payment Council (EPC) gegründet. Vom EPC wurden die wesentlichen Richtlinien verabschiedet, die die Grundlage für die operative Umsetzung und Ausgestaltung bei den Banken bilden. Diese sind das SEPA Rulebooks für Credit Transfers und Direct Debits sowie das SEPA Card Framework und die SEPA Implementation Guidelines.[24] Mit der Verabschiedung der Implementation Guidelines im September 2006 sind die für den Interbankenverkehr verbindlichen Grundlagen für die Verfügbarkeit der neuen SEPA-Datenformate gemäß ISO 20022 vorhanden.[25] Der EPC als Standardisierungsgremium der europäischen Kreditwirtschaft nimmt in den EPC-Arbeitsgruppen eine fortlaufende Weiterentwicklung der Regelwerke für die SEPA-Lastschrift und SEPA-Überweisung vor.[26] [27] Diese haben i.d.R. Modifizierungen der Zahlungsträgerformate zur Folge, was entsprechende Anpassungen im SAP-System erfordert.

Auf Grundlage der SEPA-Rulebooks ist es neben den definierten Zahlungsinstrumenten SCT und SDD möglich, zusätzliche kundengerechte Services (Additional Optional Services, AOS) anzubieten.[28] Diese zusätzlichen Dienstleistungen dürfen

---

[23] Vgl. Wild, C., Siebert, J. (2012), S. 88f.

[24] Vgl. UniCredit Bank AG (2012a), S. 5.

[25] Vgl. Habersack, M., Mülbert, P. O., Nobbe, G. (2010), S. 4.

[26] Vgl. UniCredit Bank AG (2012b), S. 5.

[27] Vgl. Muthig, J. (2012), S. 12.

[28] Vgl. Wild, C., Siebert, J. (2012), S. 21.

die Funktionsfähigkeit des Verfahrens sowie die Handlungsfähigkeit der SEPA-Teilnehmer nicht beeinträchtigen.[29]

## 3.3 EU-Verordnung Nr. 260/2012

Am 30.03.2012 wurde die EU-Verordnung Nr. 260/2012 des Europäischen Parlaments und des Rates vom 14.03.2012 zur Festlegung der technischen Vorschriften und der Geschäftsanforderungen für Überweisungen und Lastschriften in Euro und zur Änderung der Verordnung (EG) Nr. 924/2009 im Amtsblatt der Europäischen Union veröffentlicht und trat damit in Kraft.[30] Durch die EU-Verordnung werden folgende wesentliche Eckpunkte festgelegt:

- Gemeinsamer Endtermin für die nationalen Überweisungs- und Lastschriftverfahren zum 01.02.2014 (Längere Übergangsfristen für Nicht-Euroländer: 31.10.2016)
- Pflicht zur Nutzung von IBAN
- Pflicht zur Nutzung von ISO 20022-XML
- Ab 01.02.2014 IBAN-only für nationale SEPA-Zahlungsaufträge
- Ab 01.02.2016 IBAN-only für alle SEPA-Zahlungen (BIC entfällt im Kunde-Bank-Verhältnis)

Die EU-Verordnung Nr. 260/2012 gilt für Zahlungen innerhalb der Europäischen Union per Überweisung und Lastschrift in der Währung Euro. Eilüberweisungen, Schecks, Wechsel, Kartenzahlungen und andere Fremdwährungs-Zahlungen sind von der Verordnung nicht betroffen. Zahlungsdienstleister in der EU, die an inländischen Überweisungs- und Basislastschriftverfahren teilnehmen, müssen in dem jeweiligen SEPA-Verfahren erreichbar sein.[31] [32]

---

[29] Vgl. Dippel, R., Lohmann, M., Peschke, N. (2008), S. 43.
[30] Vgl. EU-Verordnung Nr. 260/2012 (2012), S. 34.
[31] Vgl. UniCredit Bank AG (2012a), S. 7.
[32] Vgl. EU-Verordnung Nr. 260/2012 (2012), S. 1ff.

## 3.4 Deutsches Begleitgesetz

Die EU-Verordnung Nr. 260/2012 sieht vor, dass einige Regelungen durch die Teilnehmerländer ausgestaltet werden müssen, andere sind als Option formuliert. Dies geschieht durch sogenannte nationale Begleitgesetze. Das deutsche Begleit-gesetz trifft Festlegungen zu optionalen Konvertierungsdienstleistungen der Kredit-institute, der befristeten Weiterführung des Elektronischen Lastschriftverfahrens des Handels (ELV) und den zuständigen Behörden (einschließlich Sanktionen und außergerichtliche Beschwerdeverfahren).[33] Die Inhalte des Begleitgesetzes führen zu einer Anpassung des Zahlungsdiensteaufsichtsgesetzes (ZAG). Ergänzend wird die Bundesanstalt für Finanzdienstleistungsaufsicht (BaFin) als national zuständige Behörde für die Überwachung der Einhaltung der in der EU-Verordnung Nr. 260/2012 enthaltenen Pflichten bestimmt.[34] Durch das deutsche Begleitgesetz für den Übergangszeitraum bis zum 01.02.2016 kann das ELV-Verfahren weiterhin verwendet werden. Außerdem darf der Privatkunde bei nationalen Zahlungen weiterhin Kontonummer und die BLZ verwenden.[35] Das Gesetz ist für die SEPA-Migration in Deutschland bedeutsam und wird derzeit vom Deutschen Bundestag behandelt. Das Deutsche Begleitgesetz wird wahrscheinlich bis Ende des Jahres 2012 in Kraft treten.

---

[33] Vgl. http://www.voeb.de/de/themen/zahlungsverkehr/verabschiedung_sepa_verordnung, Stand 05.04.2012.

[34] Vgl. http://www.voeb.de/download/newsletter_aktuell_03-12.pdf, Stand 03.09.2012.

[35] Vgl. van den Berg, H. R. (2012a), S. 34.

## 4. Der technische Hintergrund von SEPA

Sowohl für die SEPA-Überweisung (SCT) als auch für die SEPA-Lastschriften (SDD) ist die Angabe der Kontoverbindung in Form von International Bank Account Number (IBAN) und den Business Identifier Code (BIC) verpflichtend.[36] Dies gilt für den nationalen deutschen Zahlungsverkehr genauso, wie für Zahlungen innerhalb des SEPA-Raumes.[37] Für die Einreichung und Abwicklung belegloser SEPA-Überweisungen (SCT) und SEPA-Lastschriften (SDD) wurde ein neues XML-basiertes Datenformat in den SEPA-Regelwerken vom EPC definiert. Dieser einheitliche technische Standard bildet die Grundlage für die Interoperabilität von Zahlungsverkehrsinfrastrukturen in SEPA und ermöglicht eine vollautomatische Abwicklung von Zahlungen.[38]

## 4.1 IBAN

IBAN steht für International Bank Account Number und ist eine standardisierte, internationale Bank-/Kontonummer für nationale und grenzüberschreitende Zahlungen.[39] Die IBAN soll den grenzüberschreitenden Zahlungsverkehr vereinheitlichen und damit vereinfachen. Die IBAN besteht je nach Teilnehmerland aus bis zu 34 fortlaufenden alphanumerischen Zeichen (siehe Anhang 1). Jede IBAN in Deutschland besteht aus 22 alphanumerischen Zeichen, beginnend mit der zweistelligen Länderkennung DE, gefolgt von einer zweistelligen Prüfziffer sowie der Bankleitzahl und Kontonummer[40] [41] (siehe Abbildung 1).

---

[36] Bis Juli 2010 stand die Abkürzung BIC für "Bank Identifier Code" gem. ISO 9362.

[37] Vgl. Toussaint, G. (2009), S. 124.

[38] Vgl. Gesamtverband der Deutschen Versicherungswirtschaft e. V. (2011), S. 55.

[39] Vgl. Barth, M. (2012), S. 14.

[40] Vgl. UniCredit Bank AG (2012a), S. 10.

[41] Vgl. http://www.ecbs.org/iban/germany-bank-account-number.html, Stand 29.07.2012.

Länderkennung: DE
Prüfziffer: 40
Bankleitzahl: 70020270
Kontonummer: 12345678
Die IBAN lautet: DE40 7002 0270 0012 3456 78

Abbildung 1: Aufbau der IBAN in Deutschland
Quelle: Entnommen aus: http://www.hypovereinsbank.de/portal?view=/privatkunden/242274.jsp.

Die Ermittlung der IBAN anhand der im IZV gebräuchlichen Konto- und Bank-Identifikationen ist in der ISO-Norm 13616 beschrieben. Die Richtigkeit einer IBAN kann nur durch das jeweils kontoführende Kreditinstitut festgestellt werden.[42] [43] Die zweistellige Prüfziffer wird gem. ISO 7064 mit der Modulus 97-10-Methode generiert. In der nachfolgenden Tabelle 1 wird der Algorithmus zur Ermittlung der Prüfziffer des IBAN einer deutschen Bankverbindung erläutert.

---

[42] Vgl. UniCredit Bank AG (2012a), S. 11.
[43] Vgl. http://www.ecbs.org/iban.htm, Stand 29.07.2012.

| Schritt | Erläuterung | Beispiel |
|---|---|---|
| 1. | Die ersten vier Stellen (Länderkennung + Prüfziffer) ans Ende stellen. Da die Prüfziffer noch nicht bekannt ist, wird stattdessen „00" angenommen. Weniger als 10-stellige Kontonummern linksseitig auf zehn Stellen mit Nullen auffüllen. | Gegeben: Bankleitzahl: 500 100 60 Kontonummer: 959260607 IBAN: DE**pp** 5001 0060 0959 2606 07 **5001 0060 0959 2606 07DE 00** |
| 2. | Alle Leerzeichen aus der Nummer entfernen. Alle Buchstaben durch die Zahl, die ihre Position im (lateinischen) Alphabet repräsentiert „+ 9" ersetzen, z. B. A = 10, usw., Z = 35 | 5001 0060 0959 2606 07DE 00 D = 13, E = 14 **500100600959260607131400** |
| 3. | Berechnung des Rest, der sich beim Teilen der (bei deutschen Konten 24 Stellen lang) Zahl durch „97" ergibt („Modulo 97") | 500100600959260607131400 mod 97 **= 5** |
| 4. | Ergebnis von „98" abziehen. | 98 – 5 = **93** |
| 5. | Ist das Ergebnis kleiner als zehn, muss eine führende Null hinzugefügt werden. | Nicht der Fall. **Die Prüfziffer ist 93.** **IBAN: DE93 5001 0060 0959 2606 07** |

Tabelle 1: Berechnung der IBAN-Prüfziffer

In Anlehnung an: https://www.sparkasse-dortmund.de/pdf/content/sepa/iban_bic.pdf, Stand 01.08.2012.

Gemäß der EU-Verordnung können Mitgliedstaaten den Banken erlauben, bis 01.02.2016 für Verbraucher Kontonummer und Bankleitzahl in die IBAN zu konvertieren.[44] Bis dahin besteht für die Verbraucher eine optionale Nutzung von Kontonummer und Bankleitzahl für nationale SEPA-Zahlungen. Ab dem 01.02.2014 wird für Unternehmen die IBAN für Zahlungen im Inland verpflichtend. Wenn grenzüberschreitende Zahlungen ausgeführt werden, muss zusätzlich der BIC übermittelt werden.[45]

---

[44] Vgl. UniCredit Bank AG (2012a), S. 7.

[45] Vgl. Wild, C., Siebert, J. (2012), S. 84f.

## 4.2 BIC

Ein BIC ist die internationale Bankleitzahl eines Kreditinstituts gem. ISO 9362. Dieser international standardisierte Code kann neben der Identifikation von Kreditinstituten auch zur eindeutigen Bestimmung von anderen Geschäftsstellen wie z.B. Brokern, Lagerstellen und Unternehmen im Zahlungsverkehr verwendet werden. Der BIC besteht aus maximal elf Stellen und wird oft auch als SWIFT-Code bezeichnet[46] (siehe Abbildung 2).

Abbildung 2: Aufbau des BIC
Quelle: Entnommen aus: http://www.hypovereinsbank.de/portal?view=/privatkunden/242274.jsp.

Die ersten vier Stellen entsprechen der Bankbezeichnung, sind alphanumerisch und können von der Bank frei gewählt werden, z.B. HYVE für HypoVereinsbank. Anschließend folgt die zweistellige Länderkennung, welche dem ISO-Code des jeweiligen Landes gem. ISO-3166-1 entspricht, beispielsweise DE für Deutschland. Darauf folgt eine zweistellige Orts-/Regionsangabe, z.B. MM für München. Wenn das zweite Zeichen kein Buchstabe sondern eine Zahl ist, so bedeutet dies bei einer 0, dass es sich um einen Test-BIC handelt. Die letzten drei Stellen können für Filialbezeichnungen genutzt werden.[47] Ein 8-stelliger BIC kann um "XXX" auf einen 11-stelligen ergänzt werden, entsprechend kann "XXX" auch weggelassen werden.[48]

---

[46] Vgl. Barth, M. (2012), S. 14.

[47] Vgl. http://www.hypovereinsbank.de/portal?view=/privatkunden/242274.jsp, Stand 31.08.2012.

[48] Vgl. Barth, M. (2012), S. 14.

Ab dem 01.02.2014 dürfen Kreditinstitute bei Inlandszahlungen von ihren Kunden den BIC nicht mehr verlangen. Diese Vorgabe wird ab 01.02.2016 auch für grenzüberschreitende Zahlungen gelten.[49] [50]

## 4.3 SEPA-Datenformat

Das SEPA-Datenformat basiert auf dem ISO Standard 20022 und wurde für den Interbanken-Zahlungsverkehr verpflichtend eingeführt. Für den Datenaustausch zwischen Kunde und Kreditinstitut wird das neue XML-basierte Format empfohlen.[51] In Deutschland hat der ZKA eigene Formatempfehlungen veröffentlicht, die sich in Details unterscheiden. Das XML-Format ist ein offener, internationaler Standard zur Datenmodellierung in Form einer Baumstruktur, welcher vom World Wide Web Consortium (www.w3c.org) verwaltet wird. Im Gegensatz zum spaltenorientierten DTA-Format wird im XML-Format jeder Wert von zusätzlichen sogenannten XML-Tags umschlossen[52] In der folgenden Abbildung 3 ist der Aufbau eines XML-Datensatzes dargestellt.

```
1   <Cdtr>
2        <Nm>Soeren Hellfritzsch</Nm>
3        <PstlAdr>
4             <AdrLine>Marianne-Plehn-Strasse 82</AdrLine>
5             <AdrLine>81825 Muenchen</AdrLine>
6             <Ctry>DE</Ctry>
7        </PstlAdr>
8   </Cdtr>
```

Abbildung 3: Aufbau eines XML-Datensatzes

---

[49] Vgl. UniCredit Bank AG (2012a), S. 7.

[50] Vgl. Bundesverband deutscher Banken e. V. (2012), S. 15.

[51] Vgl. https://www.sparkasse-dortmund.de/firmenkunden/internationales_geschaeft/sepa/ datenformat/index.php, Stand 29.07.2012.

[52] Vgl. Barth, M. (2012), S. 14.

Das hat zur Folge, dass XML-basierte Zahlungsdateien durchaus fünf- bis zehnmal mal mehr Zeichen benötigen als DTA-basierte Zahlungsträger[53], so dass mit einem deutlich größeren Bedarf an Rechnerressourcen, Speicher- und Übertragungskapazitäten kalkuliert werden muss, um eine gleichartige Performance zu ermöglichen. Entsprechende Investitionen in die Hard- und Softwareausstattung sind erforderlich. Das XML-Format hat aber den Vorteil, dass weltweit viele IT-Systeme diesen internationalen Standard in ihren Schnittstellen unterstützen, wohingegen das DTA-Format eher national begrenzt ist.[54] Das XML-Format ist auf Grund der Trennung von Inhalt und Darstellung der Daten plattform- und programmunabhängig.[55] Ein weiterer Vorteil der Nutzung von XML ist die einfachere Konvertierung mittels XSLT in andere Formate. In heterogenen Landschaften ist dadurch eine komfortable Kommunikation möglich.[56] Es ist abzusehen, dass ISO 20022 XML zukünftig neben der SEPA auch in weiteren Zahlungsverkehrsverfahren, wie z. B. bei TARGET2-Individualzahlungen zum Einsatz kommen wird. Die ISO 20022-Formate, als neuer globaler Standard der Finanzindustrie, werden sich im europäischen Zahlungsverkehr als einzig gültige Norm in Europa durchsetzen.[57] [58]

## 4.4 Nachrichtenaufbau

Bei den SEPA-Nachrichten handelt es sich um einen End-to-End-Standard, der die Durchgängigkeit der Datenattribute des SEPA-Formats durch die gesamte Prozesskette vom Zahlungspflichtigen bis zum Zahlungsempfänger gewährleistet. Zur Referenzierung von Nachrichten, Nachrichtenblöcken und Zahlungsaufträgen bieten die neuen SEPA-Datensätze zusätzliche Funktionalitäten. Während beispielsweise in den heutigen DTA-Satzstrukturen die Referenzierung von der Erstellung des Lastschriftsatzes bis zur evtl. Übermittlung der Rücklastschrift ausschließlich über das Abbuchungsdatum und den Verwendungszwecks erfolgt, werden in den XML-Datensätzen Datenelemente zur Verfügung gestellt, die eine eindeutige

---

[53] Vgl. Wild, C., Siebert, J. (2012), S. 83.

[54] Vgl. Barth, M. (2012), S. 18.

[55] Vgl. Gesamtverband der Deutschen Versicherungswirtschaft e. V. (2011), S. 55.

[56] Vgl. Englbrecht, M., Wegelin, M. (2009), S. 319f.

[57] Vgl. Barth, M. (2012), S. 18.

[58] Vgl. Dittrich, A., Egner, T. (2012), S. 51.

Referenzierung ermöglichen. Die Kreditinstitute sind verpflichtet, diese Datenfelder unverändert im Interbankenverkehr und in der Schnittstelle Bank zu Kunde durchzureichen, was zur eindeutigen Identifizierung des Zahlungsauftrages führt. Ferner kann dieses eindeutige Merkmal als Referenz im Reklamationsfall gegenüber der Bank oder auch als Zuordnungskriterium für Rückgaben verwendet werden. Die Referenzierung ist dabei auf Ebene der Nachrichtendatei, auf der der Einzeltransaktion und der des Sammlers möglich.[59] Für die Abwicklung des Massenzahlungsverkehrs (EMZ) ist die Sammlerfunktionalität im DTAUS-Format, die eine Vielzahl von Einzeltransaktionen in einer Zahlungsdatei zusammenfasst, ein wesentlicher Bestandteil, die auch im SEPA-Datenformat integriert wurde.[60] Während die Kreditinstitute verpflichtet sind, die Einzeltransaktionsreferenz bis zum Kunden durchzureichen, dient die Referenzierung für die Nachrichtendatei und den Sammler ausschließlich der Interbankenkommunikation.

Der ZKA hat auf der Grundlage der Implementation Guidelines des EPC die SEPA-Datenformate für die Kunde-Bank- und die Bank-Bank-Schnittstelle definiert (siehe Abbildung 4). Hierbei wurden die Vorgaben des EPC exakt eins zu eins umgesetzt. Im SEPA-Umfeld werden Payment Initiation-Nachrichten (pain) des ISO 20022-Standards für die Einreichung von Kundenaufträgen bei der Bank eingesetzt. An der Kunde-Bank-Schnittstelle sind die Nachrichtentypen SEPA-Credit-Transfer-Initiation (pain.001) und die SEPA-Direct-Debit-Initiation (pain.008) spezifiziert worden.[61] Die Nachrichten pain.001 und pain.008 bestehen aus den Blöcken Group Header, Payment Information und Transaction Information. Der XML-Block „Group Header" muss genau einmal vorhanden sein und enthält Elemente wie Nachrichten-ID, Erstellungsdatum und -zeit. Der XML-Block „Payment Information" muss mindestens einmal vorkommen und ist wiederholbar. Darin sind alle Elemente, die sich auf die Herkunftsseite der Transaktion beziehen, wie z. B. Auftraggeber-Informationen und ein oder mehrere Transaction-Information-Blöcke, enthalten. Im XML-Block „Transaction Information" sind u. a. Elemente, die sich auf die Empfängerseite beziehen, z. B. der Zahlungspflichtige einer SDD, enthalten. Außerdem sind in diesem XML-Block der Transaktionsbetrag und der Verwendungszweck zu

---

[59] Vgl. Gesamtverband der Deutschen Versicherungswirtschaft e. V. (2011), S. 56f.
[60] Vgl. Gesamtverband der Deutschen Versicherungswirtschaft e. V. (2011), S. 55.
[61] Vgl. ZKA (2010), S. 22.

finden.[62] An der Kunde-Bank-Schnittstelle ist für die Rückgabe vor Settlement der Nachrichtentyp pain.002 (Richtung Bank-Kunde) spezifiziert worden. Der Payment Status Report pain.002 ist ein elektronisches Fehlerprotokoll und enthält Rückweisungen von Zahlungen, die per pain.001 oder pain.008 eingereicht wurden. Dem Bankkunden werden damit fehlerhafte Transaktionen mit einem Fehlercode vor der Buchung übermittelt.[63] Für den Austausch von Zahlungsnachrichten zwischen den Banken werden Payments Clearing and Settlement-Nachrichten (pacs) des ISO 20022-Standards verwendet. Deshalb müssen die pain-Nachrichten zu pacs-Nachrichten konvertiert werden. Auch die R-Transaktionen (siehe Kapitel 5.2.5) sind pacs-Nachrichten. Beim SCT wird die pain.001 zur pacs.008 und bei der SDD die pain.008 zur pacs.003 umgewandelt. Für den elektronischen Kontoauszug werden Cash Management-Nachrichten (camt) für die Tagesendauszüge, untertägige Kontoinformationen und Avise eingesetzt (siehe Kapitel 7.5.3).

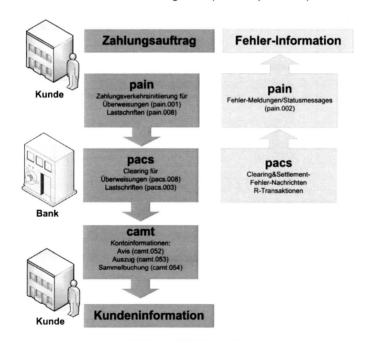

Abbildung 4: SEPA-Nachrichten

In Anlehnung an: UniCredit Bank AG (2012b): Anlage zur SEPA-Kundeninformation: Technische Spezifikationen und Formate, S. 5.

---

[62] Vgl. UniCredit Bank AG (2012b), S. 9.

[63] Vgl. UniCredit Bank AG (2012a), S. 26.

## 5. Bestandteile von SEPA

Die SEPA-Überweisung (SCT) und die SEPA-Lastschrift (SDD) können für inländische und grenzüberschreitende Euro-Zahlungen innerhalb des SEPA-Raumes unterschiedlos ohne betragsmäßige Beschränkung genutzt werden.[64] [65] Der Austausch von Transaktionen zwischen den Banken erfolgt über eine Verteil- und Verrechnungsinfrastruktur „Clearing and Settlemet Mechanism" (CSM). Ziel der europäischen Kreditwirtschaft ist es, die vollständige Erreichbarkeit aller europäischen Banken zu gewährleisten. Eine Bank soll jede andere Bank innerhalb der SEPA erreichen können und gleichzeitig sicherstellen, dass sie ebenso von allen SEPA-Banken der Teilnehmerländer erreicht werden kann. Die Wahl der CSM-Abwicklungsstruktur unterliegt dem Wettbewerb und die Kreditinstitute können zwischen verschiedenen CSMs, die alle SEPA-konform sein müssen, entscheiden.[66] In Deutschland wird eine CSM-Infrastruktur für SEPA-Transaktionen durch den SEPA Clearer der Deutschen Bundesbank (SCL) bereitgestellt. Da jedoch nicht alle Banken in Deutschland direkt über die Bundesbank erreichbar sind haben sich die CSMs vernetzt, so dass ggf. mehrere CSMs an der Weiterleitung der Transaktionen beteiligt sind (siehe Abbildung 5).[67]

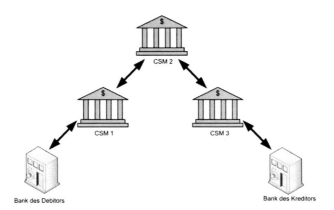

Abbildung 5: CSM-Infrastruktur

Quelle: eigene Darstellung.

---

[64] Vgl. Toussaint, G. (2009), S. 124.

[65] Vgl. Muthig, J. (2012), S. 12.

[66] Vgl. Bundesverband Öffentlicher Banken Deutschlands (2007), S. 18f.

[67] Vgl. http://www.vdb.de/sct---das-verfahren.aspx, Stand 02.08.2012.

## 5.1 SEPA-Überweisung

Der SEPA Credit Transfer (SCT) wurde am 28.01.2008 eingeführt und umfasst europaweit einheitliche Regeln für Überweisungen in Euro, die im Regelwerk „SEPA Credit Transfer Scheme Rulebook" festgelegt sind. Der SCT entspricht in den Grundzügen der seit 2003 bekannten EU-Standardüberweisung, kann aber im Gegensatz dazu sowohl für grenzüberschreitende, als auch für inländische Zahlungen verwendet werden.[68] Die Zahlungsdiensterichtlinie (PSD) schreibt vor, das die Überweisungsdauer bei belegloser Auftragseinreichung ab 2012 maximal einen Bankarbeitstag bedarf. Bis zu diesem Zeitpunkt konnten drei Tage für die Ausführung der Überweisung beansprucht werden. Dem SCT wird ein festes verbindliches Ausführungsdatum mitgegeben, zu welchem das Konto des Debitors belastet wird. Im Gegensatz zur DTA-basierten Inlandsüberweisung wurde die Länge des Verwendungszwecks von 378 auf 140 Zeichen reduziert. Der Überweisungsbetrag muss dem Konto des Kreditors ungekürzt gutgeschrieben werden.[69] Die SEPA-Überweisung ist eine sogenannte SHARE-Zahlung[70], d. h. der Auftraggeber trägt die Gebühren im Land des Auftraggebers, der Empfänger die Gebühren im Empfängerland.

SCT können vor und nach der Verrechnung zurückgegeben werden. Diese sogenannte R-Transaktion kann vom Auftraggeber oder durch die Bank ausgelöst werden, wenn z.B. die falsche Empfängerkontoverbindung vorliegt.[71] Der Rückruf einer SCT (Recall) ist gem. Rulebooks nur im Interbankenverhältnis und nicht für den Rückruf durch den Kunden definiert. Nur unter bestimmten Voraussetzungen ist die Auslösung eines Recalls gestattet, wie z.B. bei technischen Problemen, die zur irrtümlichen/doppelten Ausführung der SCT geführt haben. Die Frist für den SCT-Recall beträgt zehn Bankarbeitstage.[72][73] In der nachfolgenden Abbildung 6 ist der Ablauf des SEPA-Überweisungsverfahrens dargestellt.

---

[68] Vgl. Grill, W., Perczynski, H. (2012), S. 133.

[69] Vgl. http://www.europeanpaymentscouncil.eu/knowledge_bank_download.cfm?file=EPC125-05 SCT RB v5.1 Approved.pdf, Stand 29.06.2012.

[70] Vgl. Barth, M. (2012), S. 8.

[71] Vgl. Wild, C., Siebert, J. (2012), S. 87.

[72] Vgl. Dittrich, A., Egner, T. (2012), S. 30.

[73] Vgl. http://www.europeanpaymentscouncil.eu/knowledge_bank_download.cfm?file=EPC125-05 SCT RB v5.1 Approved.pdf, Stand 29.06.2012.

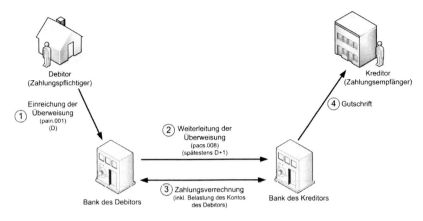

Abbildung 6: Ablauf des SEPA-Überweisungsverfahrens

Quelle: eigene Darstellung.

## 5.2 SEPA-Lastschrift

Die Einführung des europäischen Lastschriftverfahrens SEPA Direct Debit (SDD) erfolgte am 02.11.2009. Mit der SDD wurde erstmalig ein grenzüberschreitendes Lastschriftverfahren etabliert. Wie beim DTA-Lastschriftverfahren gibt es das SE-PA-Lastschriftverfahren in zwei Varianten. Die SEPA-Basislastschrift (SDD Core) ist vergleichbar mit dem Einzugsermächtigungsverfahren und die SEPA-Firmenlastschrift (SDD B2B) ist vergleichbar mit dem Abbuchungsverfahren. Die Grundlage für die SDD-Verfahren bilden die jeweilige EPC-Regelwerke „SEPA Core Direct Debit Scheme Rulebook"[74] und „SEPA B2B Direct Debit Scheme Rulebook".[75] Grundlegende Bedingung für die SDD ist die PSD, um unterschiedliche Gesetzesgrundlagen für Widerspruchsfristen zu ersetzen sowie den Lastschriftein-zug in der SEPA zu ermöglichen.[76] [77] Die SDD stellt im grenzüberschreitenden Zahlungsverkehr eine Neuerung dar, da bislang kein standardisiertes Zahlungs-instrument existierte.

---

[74] Vgl. http://www.europeanpaymentscouncil.eu/knowledge_bank_download.cfm?file=EPC016-06 Core SDD RB V5.1 Approved.pdf, Stand 29.06.2012.

[75] Vgl. http://www.europeanpaymentscouncil.eu/knowledge_bank_download.cfm?file=EPC222-07 SDD B2B RB v3.1 Approved.pdf, Stand 29.06.2012.

[76] Vgl. Muthig, J. (2012), S. 12.

[77] Vgl. Grill, W., Perczynski, H. (2012), S. 139.

Der SDD muss ein Fälligkeitsdatum (Due-Date) mitgegeben werden, an dem die Belastung auf dem Konto des Debitors erfolgen soll. Wie beim SCT ist der Verwendungszweck auf 140 Zeichen minimiert.[78] Das SDD-Verfahren sieht im SEPA-Mandat ein verpflichtendes Merkmal zur kontounabhängigen und eindeutigen Kennzeichnung des Lastschriftgläubigers vor.[79] Außerdem wird in die Lastschrift-Typen Erst- (Kennzeichen: FRST), Folge- (RCUR), Einmal- (OOFF) und letzte Lastschrift (FNAL) unterschieden und im entsprechenden XML-Feld als Information mitgegeben.[80] Bei einer Änderung der Bankverbindung wird aus einer Folgelastschrift (RCUR) wieder eine Erstlastschrift (FRST). Ist dem Kreditor bekannt, dass die aktuell einzuziehende SDD die letzte SDD ist, so ist die SDD verpflichtend als letzte Lastschrift (FNAL) zu kennzeichnen. Diese Klassifizierung existiert im heutigen DTA-Verfahren nicht.[81]

Eine SDD ist nicht wie eine DTA-Lastschrift per Sicht fällig, sondern muss mit einer Vorlauffrist von bis zu fünf Tagen bei der Bank des Debitors vorliegen. Die Vorlauffrist vor Fälligkeit beträgt bei einer Einmal-Lastschrift oder einer Erst- einer Folge von wiederkehrenden Lastschriften bei SDD-Core fünf Bankarbeitstage. Bei Folgelastschriften und letzten Lastschriften bei SDD-Core beträgt die Vorlauffrist zwei Bankarbeitstage. Unabhängig vom Lastschrifttypen beträgt die Vorlauffrist bei SDD-B2B generell einen Bankarbeitstag. Alle SDD dürfen nicht früher als 14 Kalendertage vor Fälligkeit bei der Bank des Debitors eintreffen.[82][83] Die Rückgabefristen sind identisch zur DTA-Lastschrift. Der Debitor kann bei der SDD-Core der Abbuchung acht Wochen nach Belastung widersprechen. Sofern kein gültiges Mandat vorliegt, kann der Debitor bei beiden SDD-Verfahren bis zu 13 Monate nach der Belastung widersprechen.[84][85]

---

[78] Vgl. Barth, M. (2012), S. 9.

[79] Vgl. http://www.bundesbank.de/Navigation/DE/Kerngeschaeftsfelder/Unbarer_Zahlungsverkehr/SEPA/sepa.html, Stand 02.08.2012.

[80] Vgl. ZKA (2010), S. 117.

[81] Vgl. van den Berg, H. R. (2012a), S. 34.

[82] Vgl. Barth, M. (2012), S. 12.

[83] Vgl. Grill, W., Perczynski, H. (2012), S. 140ff.

[84] Vgl. Barth, M. (2012), S. 10.

[85] Vgl. Habersack, M., Mülbert, P. O., Nobbe, G. (2010), S. 66.

### 5.2.1 SDD-Core

Die SDD-Core findet im Geschäft mit Privatpersonen Anwendung. Auf Basis einer AGB-Änderung der Kreditinstitute können bestehende Lastschrifteinzugsermächti-gungen in SDD-Core-Mandate umgedeutet werden. Mit dem SDD-Core-Mandat wird der Zahlungsempfänger (Kreditor) vom Zahlungspflichtigen (Debitor) ermäch-tigt, (SEPA-)Lastschriften zu ziehen. Das kontoführende Kreditinstitut wird beauf-tragt, die übermittelten Lastschriftanweisungen zu erfüllen und das entsprechende Konto des Debitors zu belasten. Das Kreditinstitut ist beim SDD-Core-Verfahren nicht verpflichtet, das Mandat zu prüfen.[86] [87] Den Zahlungspflichtigen wird bei der SDD-Core das Recht eingeräumt, bestimmte Zahlungsempfänger zu blockieren, nur bestimmte Zahlungsempfänger zuzulassen und Zahlungen nach Betrag oder Frequenz der Einreichung zu beschränken.[88] [89] Der Ablauf des SEPA-Basislast-schriftverfahrens wird in der nachfolgenden Abbildung 7 dargestellt.

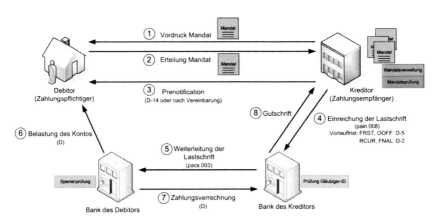

Abbildung 7: Ablauf des SEPA-Basislastschriftverfahrens

Quelle: eigene Darstellung.

---

[86] Vgl. UniCredit Bank AG (2012a), S. 12f.

[87] Vgl. Grill, W., Perczynski, H. (2012), S. 140ff.

[88] Vgl. http://www.europeanpaymentscouncil.eu/knowledge_bank_download.cfm?file=EPC016-06 Core SDD RB  V5.1 Approved.pdf, Stand 29.06.2012.

[89] Vgl. UniCredit Bank AG (2012a), S. 7.

## 5.2.2 SDD-B2B

Die SDD-B2B-Lastschrift ist speziell auf die Bedürfnisse von Firmenkunden zuge-
schnitten und kann daher auch nur eingesetzt werden, wenn sowohl der Zahlungspflichtige als auch der Zahlungsempfänger keine Verbraucher sind. Außerdem
muss der Debitor seine Bank vor dem ersten Lastschrifteinzug über das erteilte
Mandat in Kenntnis setzen und dieser eine Kopie des Mandats mit Originalunter-
schrift weitergeben.[90] [91] Bei der SDD-B2B prüft das Kreditinstitut des Debitors die
Lastschrift vor der Einlösung gegen vorliegende Mandate. Daher hat der Debitor
keine Möglichkeit der Lastschrift zu widersprechen. Aufgrund des fehlenden
Rückgaberechts durch den Debitor und der möglichen hohen Beträge beim B2B-
Verfahren ist die Bank des Debitors verpflichtet, die Mandatsdaten zu verwalten,
damit sie eingehende SDD-B2B-Lastschriften gegen die Mandatsdaten prüfen
können.[92] [93] Der Ablauf des SEPA-Firmenlastschriftverfahrens wird in der nachfolgenden Abbildung 8 dargestellt.

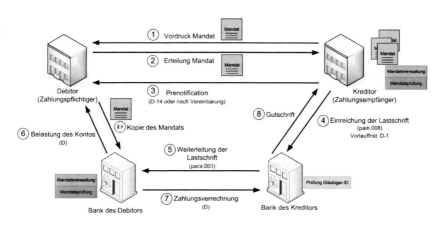

Abbildung 8: Ablauf des SEPA-Firmenlastschriftverfahrens

Quelle: eigene Darstellung.

---

[90] Vgl. Muthig, J. (2012), S. 14f.

[91] Vgl. Grill, W., Perczynski, H. (2012), S. 140ff.

[92] Vgl. Barth, M. (2012), S. 13.

[93] Vgl. http://www.europeanpaymentscouncil.eu/knowledge_bank_download.cfm?file=EPC222-07 SDD
B2B RB v3.1 Approved.pdf, Stand 29.06.2012.

### 5.2.3 Gläubiger-ID

Die Gläubiger-ID (Creditor Identifier/CI/UCI) ist für die kontounabhängige, eindeutige Kennzeichnung des Lastschriftgläubigers erforderlich und ermöglicht zusammen mit der Mandats-ID eine eindeutige Identifizierbarkeit eines Mandats einer Lastschrift anhand automationsfähiger Daten. Die CI muss verpflichtend im Datensatz einer SEPA-Lastschrift mitgegeben werden. Zur Gläubiger-ID ist, im Gegensatz zu anderen europäischen Ländern, kein äquivalentes Merkmal im deutschen Lastschriftverfahren vorhanden. In Abstimmung mit der Deutschen Kreditwirtschaft (DK) erfolgt die Vergabe der CI durch die Deutsche Bundesbank, stellt aber keine formelle Zulassung zum SEPA-Lastschriftverfahren dar.[94] Jeder Kreditor erhält nur eine Kreditor-ID. Das Mitteilungsschreiben der Bundesbank ist der Hausbank bei Abschluss eines Inkassovertrages für die SEPA-Lastschrift vorzulegen. Die Stellen "ZZZ" nach dem ISO-Ländercode und der Prüfziffer können vom Kreditor frei belegt werden. Sie gehen nicht in die Berechnung der Prüfziffer ein.[95] Der Aufbau der Gläubiger-ID wird in der nachfolgenden Abbildung 9 dargestellt.

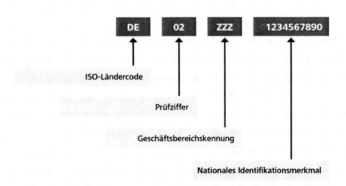

Abbildung 9: Aufbau der Gläubiger-ID

Quelle: Entnommen aus:
http://www.bundesbank.de/Navigation/DE/Kerngeschaeftsfelder/Unbarer_Zahlungsverkehr/SEPA/sepa.html, Stand 02.08.2012.

---

[94] Vgl. http://www.bundesbank.de/Navigation/DE/Kerngeschaeftsfelder/Unbarer_Zahlungsverkehr/SEPA/sepa.html, Stand 02.08.2012.

[95] Vgl. http://www.vdb.de/kreditor-id.aspx, Stand 02.08.2012.

### 5.2.4 Pre-Notification

Jede SDD muss dem Debitor durch eine Pre-Notification angekündigt werden. Die Pre-Notification kann auch Bestandteil eines Schreibens oder Dokuments sein, wie z.B. Vertrag oder Rechnung. Die Pre-Notification muss den Fälligkeitstermin und den Betrag der Lastschrift, sowie die CI und die Mandats-ID enthalten.[96] Da die beiden letztgenannten Attribute vor der SEPA-Einführung kein Vertrags- oder Rechnungsbestandteil waren, sind Anpassungen im SAP-ERP-System notwendig. Mit einer Pre-Notification können auch mehrere SEPA-Lastschriften angekündigt werden. Die Pre-Notification muss 14 Kalendertage vor dem Due-Date an den Debitor gesendet werden. Kürzere Fristen können jedoch bilateral zwischen Kreditor und Debitor vereinbart werden. Der Zahllauf muss den prenotifizierten Fälligkeitstermin kennen und prüfen. Bei Änderungen des Due-Dates ist die Lastschrift erneut zu prenotifizieren.[97] Bei wiederkehrenden Lastschriften mit gleichen Beträgen genügt eine einmalige Pre-Notification des Debitors vor dem ersten Einzug und die Angabe der Fälligkeitstermine. Dieser neue SEPA-spezifische Prozess erfordert eine organisatorische Infrastruktur, die in der Regel im Unternehmen noch nicht vorhanden ist.

### 5.2.5 R-Transaktionen

R-Transaktionen sind in den Rulebooks definierte Rückgabeprozesse für den SCT und die SDD. Die R-Transaktionen für SDD sind vielschichtiger, weil zwischen Rückrufen vor Settlement (Bankverrechnung) und nach Settlement unterschieden wird und die R-Transaktionen von verschiedenen Zahlungsbeteiligten ausgelöst werden können.[98] Beispielsweise kann vor der Belastung einer SDD der Debitor von seiner Bank verlangen, eine SDD nicht einzulösen. Die Bank des Debitors kann die SDD zurückweisen (vor Settlement) oder zurückgeben (nach Settlement). Technisch erfolgt die Rückgabe auf Basis einer camt.056-Nachricht (Payment

---

[96] Vgl. http://www.europeanpaymentscouncil.eu/knowledge_bank_download.cfm?file=EPC016-06 Core SDD RB V5.1 Approved.pdf, Stand 29.06.2012.

[97] Vgl. van den Berg, H. R. (2012a), S. 38.

[98] Vgl. Dittrich, A., Egner, T. (2012), S. 38.

Cancellation Request). Dieses R-Transaktionsverfahren wird i.d.R. bilateral in Absprache zwischen dem Auftraggeber und dessen Hausbank ausgelöst.[99]

Für sämtliche R-Transaktionen sind standardisierte Prozessbeschreibungen und verpflichtende Datensatzbeschreibungen vorgesehen.[100] Auf der Seite des Zahlungspflichtigen sind die Alternativen Rejects (Abweisungen), Revocations (Rückrufe) und Refusals (Ablehnungen) vor Settlement und Returns (Rückgaben), Reversals (Rückrechnungen) und Refunds (Widersprüche) nach Settlement spezifiziert.[101] Auf der Seite des Einreichers sind die Rückrufmöglichkeiten Revocations (Rückrufe – beauftragt durch den Lastschrift-Einreicher) und Request for Cancellation (Rückrufe – beauftragt durch die Bank des Lastschrift-Einreichers) vor Settlement sowie Reversals (Rückrechnung) nach Settlement definiert.[102] [103]

## 5.2.6 SEPA-Mandat

Der Einzug einer SDD-Core oder SDD-B2B setzt ein gültiges papierbehaftetes Mandat des Debitors voraus, dass grundsätzlich mit der Einzugsermächtigung zur DTA-Lastschrift vergleichbar ist, jedoch fest definierte Bestandteile besitzt. Das SEPA-Mandat enthält mit der CI und der Mandatsreferenz eine eindeutige Referenz auf die SDD. Diese beiden Attribute werden auch mit jeder SDD transportiert. Die Mandatsreferenz kann bis zu 35 alphanumerische Stellen lang sein. Die Mandatsfelder sowie deren Reihenfolge sind vorgeschrieben. Die Gestaltung des Mandats ist nicht festgelegt, sondern nur der Inhalt. Das Mandat muss explizit eine Weisung für die Bank des Debitors enthalten und das Mandat für eine SDD-Core muss auf eine Rückgabemöglichkeit von acht Wochen hinweisen[104] (siehe Anhang 2).

---

[99] Vgl. Wild, C., Siebert, J. (2012), S. 87.

[100] Vgl. http://www.europeanpaymentscouncil.eu/knowledge_bank_download.cfm?file=EPC016-06 Core SDD RB V5.1 Approved.pdf, Stand 29.06.2012.

[101] Vgl. Grill, W., Perczynski, H. (2012), S. 143f.

[102] Vgl. Dippel, R., Lohmann, M., Peschke, N. (2008), S. 49f.

[103] Vgl. Dittrich, A., Egner, T. (2012), S. 39.

[104] Vgl. Barth, M. (2012), S. 11.

## 5.2.6.1 Mandatsarten

Es ist vorgeschrieben, dass bei Lastschrifteinzügen vor der ersten Lastschrift immer zwischen Zahler und Zahlungsempfänger ein Mandat ausgetauscht wird. Dabei kann in die Arten SEPA-Lastschrift-Mandat (für SDD-Core), SEPA-Firmenlastschrift-Mandat und Kombi-Mandat unterschieden werden.[105] [106]

Um den Lastschrifteinreichern den Umstieg von der heutigen DTA-Lastschrift mit Genehmigung durch die Einzugsermächtigung zu erleichtern, werden auch sogenannte Kombimandate offeriert.[107] Das Kombimandat ermöglicht Lastschrifteinzüge zunächst per Einzugsermächtigung und zukünftig per SDD-Mandat. Für die Einzugsermächtigungs-Lastschrift werden Kontonummer und Bankleitzahl der IBAN entnommen und müssen daher nicht gesondert angegeben werden[108] (siehe Anhang 3). Über den Wechsel auf die SDD muss der Debitor rechtzeitig unterrichtet werden, da sich die Widerspruchsfristen unterscheiden.

## 5.2.6.2 Mandatserteilungsprozess

Bei der Mandatseinholung durch den Kreditor ist zu beachten, dass das Mandat gemäß dem SEPA-Rulebooks in der Sprache des Landes verfasst ist, in dem der Debitor wohnt oder in Englisch, falls der Kreditor die Sprache vor der Mandatsausstellung nicht exakt bestimmen kann. Die DK empfiehlt dabei, eine Sprache auszuwählen, die der Debitor versteht, z. B. die Sprache des zugehörigen Vertrages.[109]

Sofern das SEPA-Mandat in Papierform erteilt wurde, muss es vor der Einreichung einer SDD durch den Debitor dematerialisiert werden. Dematerialisierung ist die Umwandlung der geschriebenen Informationen in elektronische Daten, ohne deren Inhalt zu verändern. Die Dematerialisierung des SEPA-Mandats ist dabei Voraus-

---

[105] Vgl. Dittrich, A., Egner, T. (2012), S. 34.

[106] Vgl. http://www.europeanpaymentscouncil.eu/knowledge_bank_download.cfm?file=EPC016-06 Core SDD RB  V5.1 Approved.pdf, Stand 29.06.2012.

[107] Vgl. Dittrich, A., Egner, T. (2012), S. 37.

[108] Vgl. http://www.die-deutsche-kreditwirtschaft.de/uploads/media/120720_DK_Beispiele_ Muster_SEPA_Lastschriftmandat-SDD_Basis-Core_09072012.pdf, Stand 16.08.2012.

[109] Vgl. Barth, M. (2012), S. 11.

setzung für die STP-Fähigkeit des SDD-Verfahrens.[110] Das SEPA-Mandat verliert seine Gültigkeit, wenn seit dem Fälligkeitstermin der letzten gültigen Lastschrift mehr als 36 Monate vergangen sind. Es kann aber auch jederzeit durch den Zahlungspflichtigen widerrufen werden.[111] Der Kreditor hat das Originalmandat während dessen Gültigkeit sicher aufzubewahren. Nach der Dematerialisierung des SEPA-Mandats muss der Kreditor die mandatsrelevanten Daten als Teil des SDD-Datensatzes an seine Bank übermitteln.[112] Nach Erlöschen des Mandats ist dieses im Original noch für einen Zeitraum von mindestens 14 Monaten, gerechnet vom Einreichungsdatum der letzten eingezogenen SDD, aufzubewahren [113]

### 5.2.6.3 Mandatsmigration

Eine bestehende Einzugsermächtigung kann seit der AGB-Änderung der Banken vom 09.07.2012 als SEPA-Lastschriftmandat für Lastschrifteinzüge im SDD-Core-Verfahren genutzt werden. Dazu müssen folgende Voraussetzungen vorliegen. Der Zahler muss dem Zahlungsempfänger eine schriftliche Einzugsermächtigung erteilen, mit der er den Zahlungsempfänger ermächtigt, Zahlungen von seinem Konto mittels Lastschrift einzuziehen. Der Zahler und dessen Kreditinstitut müssen vereinbaren, dass der Zahler mit der Einzugsermächtigung zugleich sein Kreditinstitut anweist, die vom Zahlungsempfänger auf sein Konto gezogenen Lastschriften einzulösen und diese Einzugsermächtigung als SEPA-Lastschriftmandat genutzt werden kann. Vor dem ersten Lastschrifteinzug im SDD-Core-Verfahren muss der Zahlungsempfänger den Zahler über den Wechsel vom Lastschrifteinzug per Einzugsermächtigungsverfahren auf den Lastschrifteinzug mittels SDD-Core-Verfahren unter Angabe der CI und der Mandatsreferenz in Textform informieren, z.B. durch Pre-Notification vor SDD-Core-Einzug.[114]

---

[110] Vgl. Dippel, R., Lohmann, M., Peschke, N. (2008), S. 47.

[111] Vgl. Barth, M. (2012), S. 11.

[112] Vgl. Dippel, R., Lohmann, M., Peschke, N. (2008), S. 47f.

[113] Vgl. van den Berg, H. R. (2012a), S. 35.

[114] Vgl. http://www.die-deutsche-kreditwirtschaft.de/uploads/media/120720_DK_Beispiele_ Muster_SEPA_Lastschriftmandat-SDD_Basis-Core_09072012.pdf, Stand 16.08.2012.

## 5.2.6.4 Anforderungen an eine Mandatsverwaltung

Die vom Debitor erteilten Mandate müssen inklusive Ihrer Historie vom Kreditor archiviert werden und müssen auf Anforderung der Bank des Debitors über die Bank des Kreditors als Kopie vorgelegt werden können.[115] Neben der elektronischen Mandatsverwaltung, in der die dematerialisierten Mandatsdaten und Mandatsversionen verwaltet werden, müssen noch ein Mandats-Dokumenten-Management-System, indem die Mandatsformulare gepflegt werden können und ein Archiv für die Originale existieren.

Durch die SEPA Business-Logik ergeben sich folgende Anforderungen an eine Mandatsverwaltung. Zum einen können Mandate kunden- oder vertragsbezogen sein. Kundenbezogene Mandate sind solche, die für alle Lastschriften eines Kunden genutzt werden können, vertragsbezogene Mandate lassen lediglich den Lastschrifteinzug zu einem Vertrag zu. Ein Mandat muss einen Status besitzen, der die Nutzung des Mandats reglementiert. Ferner kann ein Mandat evtl. aus mehreren Versionen, die sich im Gültigkeitsbereich nicht überschneiden, bestehen. Es kann ggf. Mandats-Versionen geben, die erst in der Zukunft gültig werden. Bei der Verwendung eines Mandats muss die zum Fälligkeitstermin gültige Version genutzt werden. Wenn ein Mandat länger als 36 Monate nicht mehr verwendet wurde, ist es ungültig und darf nicht mehr verwendet werden. Bei der Nutzung des Mandats im Lastschrifteinzug ist der Sequenztyp des Bankeinzugs anzugeben. Die durch die Regularien festgelegten Sequenztypen sind FRST, RCUR, OOFF und FNAL.

Die Zahlungsprozesse müssen den Sequenztyp in Abhängigkeit des Geschäftsvorfalls individuell anpassen. Der erste Lastschrifteinzug auf ein mehrfach verwendbares Mandat (Sequenztyp FRST) muss sicherstellen, dass jeder weitere Einzug mit dem Sequenztyp RCUR durchgeführt wird. Erfolgt ein Reject zu einer Lastschrift mit Sequenztyp FRST, so muss in Abhängigkeit des Rückgabegrundes der Sequenztyp des jeweiligen Mandats maschinell wieder initialisiert werden, so dass die nächste Lastschrift wieder den Sequenztyp FRST erhält. SEPA-R-Transaktionen haben ebenfalls Auswirkungen auf den Status des SEPA Mandats. Außerdem führen Änderungen von Stammdaten im Mandat, beispielsweise eine Änderung der Bankverbindung zu einer Änderung des Sequenztyps eines Mandats auf FRST.

---

[115] Vgl. Barth, M. (2012), S. 11.

Die anzeigepflichtigen Änderungen eines Mandats müssen mit Angabe der bisher gültigen Werte mit der ersten Lastschrift, die auf die Änderung folgt, übermittelt werden.

## 5.3 SEPA-Kartenzahlung

Für inländische oder grenzüberschreitende Kartenzahlungen innerhalb der SEPA wurde kein neues Zahlungsinstrument geschaffen, sondern lediglich ein allgemeines Rahmenwerk namens SEPA Cards Framework (SCF), das solche Zahlungen durch grenzüberschreitende technische Standardisierung vereinfachen soll. Ziel ist es, die nationale Ausrichtung der bestehenden Kartensysteme aufzugeben und durch den gesamten SEPA-Raum erfassende Systeme zu ersetzen.[116] Der EPC hat im Dezember 2008 mit dem „SEPA Cards Standardisation Volume" ein Rahmenwerk zur Standardisierung im Kartenzahlungsverkehr verabschiedet. Auf Grundlage dessen werden konkrete funktionale und technische Spezifikationen durch die Marktteilnehmer entwickelt. Außerdem fordert das SCF die Definition einheitlicher Sicherheitsanforderungen und Zertifizierungsprozesse für Karten und Terminals, die gegenwärtig von Kartensystemen und Kreditwirtschaft erarbeitet werden. Darüber hinaus bekennt sich die europäische Kreditwirtschaft im SCF zur Abwicklung von Kartenzahlungen und Geldautomatenverfügungen auf Basis von EMV-Chip und PIN.[117] Auch im Hinblick auf die Umsetzung der SEPA-Anforderungen im SAP-System wird SCF in dieser Arbeit nicht weiter betrachtet.

---

[116] Vgl. Toussaint, G. (2009), S. 197.

[117] Vgl. http://www.bundesbank.de/Navigation/DE/Kerngeschaeftsfelder/Unbarer_Zahlungsverkehr/SEPA/ sepa.html, Stand 02.08.2012.

## 6. Auswirkungen von SEPA in einzelne Unternehmensprozesse

Einerseits erfordert die maßgebliche Veränderung des europäischen Zahlungsverkehrs technologische und organisatorische Anpassungen, andererseits birgt die Umstellung auf SEPA einige Vorteile für Unternehmen. Die Umstellung auf SEPA können Unternehmen damit verbinden, Prozesse und Strukturen zu optimieren. Es bietet sich die Möglichkeit, die Unternehmensprozesse bei eingehenden und ausgehenden Cashflows zu optimieren, das Forderungsmanagement zu standardisieren und eine einheitliche technische Schnittstelle zu den Hausbanken zu implementieren. Neben den SEPA-Zahlungen sind dabei noch andere Zahlungsarten, wie z.B. Fremdwährungszahlungen, Eilüberweisungen via TARGET2, zu berücksichtigen.[118] Ferner sind aufgrund der Einführung der SDD die Auswirkungen der Einreichungsfristen auf das Liquiditätsmanagement und die Prozessanpassungen im Hinblick auf das notwendige SEPA-Mandatsmanagement und die Pre-Notifications individuell zu prüfen.[119]

Im Anhang 4 ist eine Auswertung aus der Firmenkunden-Befragung der ibi research zu den Herausforderungen bei der Vorbereitung auf SEPA zu finden. Bei dieser Studie wurden die Antworten von über 400 Firmenkunden zusammengefasst und der Studienzyklus der Experten- und Firmenkundenbefragung zweimal durchlaufen. Dadurch sind Vergleiche der Aussagen von 2007 und 2009 möglich, die gewisse Trends deutlich machen, in wie weit die erforderlichen Maßnahmen auf Firmenkundenseite bereits vorangeschritten sind.[120]

Der Zugang für Markteinsteiger und die Entwicklung neuer Produkte im Zahlungsverkehrssektor soll durch die Einführung der SEPA erleichtert werden. Weiterhin soll gem. der EU-Verordnung Nr. 260/2012 die Vollendung der SEPA zur Steigerung des Wettbewerbs bei Zahlungsdiensten und zur ungehinderten Entwicklung und schnellen, unionsweiten Anwendung von Innovationen im Bereich der Zahlungsdienste beitragen. Ein verstärkter Wettbewerb und eine gesteigerte Betriebseffizienz könnten einen generellen Preissenkungsdruck bei den elektronischen

---

[118] Vgl. Braun, D. (2012), S. 43.
[119] Vgl. Braun, D. (2012), S. 44f.
[120] Vgl. ibi research an der Universität Regensburg GmbH (2009), S. 3.

Zahlungsdiensten zur Folge haben.[121] SEPA-Massenzahlungen von Unternehmen können weiter standardisiert werden und sich dadurch weiter kosten- und zeiteffizient entwickeln. Der ISO 20022-XML-Standard für die Finanz-Nachrichten zwischen Banken sowie an der Kunde-Bank-Schnittstelle bewirkt, dass sich Unternehmen nicht mehr mit vielen unterschiedlichen, komplexen und unflexiblen nationalen Datenformaten auseinanderzusetzen müssen. Dadurch werden Formatpflege und Systemverwaltung in den IT-Systemen einfacher und kostengünstiger, was sich insbesondere bei Unternehmen mit internationalen Handelsaktivitäten positiv auswirken kann. Die Vielfalt der Zahlungsdatenformate wird reduziert und ein Datenverlust durch Konvertierung wird vermieden. Durch die Vereinheitlichung der Prozesse und das standardisierte XML-Format erleichtert SEPA die durchgehende Automatisierung (Straight-through Processing, STP) und Abstimmung, sodass sich Geschwindigkeiten erhöhen und Bearbeitungskosten sinken.[122] [123] Generell soll durch die Vereinheitlichungen des Zahlungsverkehrsmarktes mehr Wettbewerb, Preistransparenz, Kostenreduktion und Effizienz im Zahlungsverkehr geschaffen werden.[124] Ferner sind erstmalig standardisierte Rückgabeprozesse von SEPA-Zahlungen und Referenzierungen vorgesehen, so dass die Debitorenbuchhaltung grundlegend vereinfacht wird.[125]

SEPA wird sich nicht sofort für jedes Unternehmen als strategischer Vorteil erweisen. Insbesondere für Unternehmen, die ihre Geschäfte größtenteils innerhalb nationaler Grenzen abwickeln, ergeben sich nur wenige Vorteile aus der SEPA-Einführung. Neben den Kosten- und Effizienzvorteilen unterstützt SEPA kleine und mittelständische Unternehmen (KMU) dabei, ihre Geschäftätigkeiten auszubauen. Durch die vereinfachten Zugangswege aufgrund der neuen SEPA-Zahlungsinstrumente können KMU leichter grenzüberschreitende Geschäfte innerhalb der SEPA abwickeln. Unternehmen, die bereits europa- oder weltweit agieren, ermöglicht SEPA eine Konsolidierung der Bankkonten bzw. eine Bündelung der Cash-flows auf definierte Kern-Konten. Das optimiert das Liquiditätsmanagement und

---

[121] Vgl. EU-Verordnung Nr. 260/2012 (2012), S.1.

[122] Vgl. Braun, D. (2012), S. 45.

[123] Vgl. http://wirtschaftslexikon.gabler.de/Archiv/7680/stp-v5.html, Stand 26.08.2012.

[124] Vgl. Lammer, T. (2006), S. 152.

[125] Vgl. http://www.westlb.de/cms/sitecontent/westlb/westlb_de/de/ul/ts/zahlungsverkehr_/sepa_/was_bedeutet_sepa.html, Stand 22.07.2012.

erleichtert die Etablierung einer Payment-Factory.[126] Eine Payment-Factory ist eine Konsolidierung der Zahlungsströme an eine zentrale Stelle des Unternehmens.[127] Die festgelegten Ausführungsfristen von Zahlungseingängen und Zahlungsausgängen, sowie eine zentrale Steuerung des Zahlungsverkehrs ermöglichen eine transparentere und effektivere Liquiditätsplanung und somit Kostenersparnisse. Im Zusammenhang mit verstärktem Risikomanagement, erhöhter Transparenz und verbesserter Cashflow-Steuerung ist dieses Ziel für global agierende Unternehmen, insbesondere nach der Finanzmarktkrise, von großer Bedeutung.[128]

---

[126] Vgl. Braun, D. (2012), S. 45.
[127] Vgl. Wild, C., Siebert, J. (2012), S. 90.
[128] Vgl. Braun, D. (2012), S. 43.

## 7. Umsetzung der SEPA-Anforderungen im SAP-System

Das SEPA-Paket der SAP unterstützt die R/3- und SAP-Releases R/3 Enterprise, mySAP ERP 2004 und SAP ERP 6.0. Der Rollout der SEPA-Funktionalitäten erfolgte über unterschiedliche Auslieferungsschienen in Form verschiedener Support Packages. Für das Release SAP ERP 6.0 wird für die Mandatsverwaltung ein Enhancement Package (EHP) benötigt.[129] Die SEPA-Mandatsverwaltung und die zugehörigen Zahlungsformate SEPA_CT und SEPA_DD für die Nebenbuchhaltung FI-AR sind Bestandteil der SAP-Standardauslieferung seit dem EHP3 von SAP ERP 6.0 und sind bei Bedarf im SAP-Customizing anderbar.[130] Die verschiedenen SEPA-Entwicklungen sind Bestandteil der Software-Komponenten SAP_ABA (anwendungsübergreifende Komponenten) und SAP_APPL (Logistik und Rechnungswesen). Daher müssen auch die korrespondierenden Support Packages eingespielt werden. Dabei muss unbedingt auf die Kompatibilität der Support Package Stacks für SAP_ABA und SAP_APPL geachtet werden. Voraussetzung für die SEPA-Mandatsfunktionen in SAP ERP 6.0 ist in jedem Fall SAP_ABA 7.00 SP 13.[131] Die SAP-Customizing-Tools Payment Medium Workbench (PMW) und Data Medium Exchange Engine (DMEE) sind zwingende Voraussetzungen, um die neuen SEPA-Formate im SAP-ERP-System generieren zu können.

### 7.1  Payment Medium Workbench

Die Payment Medium Workbench (PMW) ist das SAP-Tool zur Konfiguration und zur Erstellung von Zahlungsträgern im SAP-ERP-System.[132] Als generisches Werkzeug wird die PMW langfristig die klassischen RFFO-Zahlungsträgerprogramme ablösen.[133] [134] Im Vergleich dazu ist die PMW übersichtlicher und bei der Verarbeitung von Massenzahlungen (Stückzahl > 50.000) leistungsfähiger. Die PMW ermöglicht eine bessere Steuerung und Überprüfung der Zahlungsprozedur. Die auf

---

[129] Vgl. Weiss, J. (2009), S. 228.

[130] Vgl. http://www.sepa-now.de/services/services.html, Stand 01.08.2012

[131] Vgl. Weiss, J. (2009), S. 228ff.

[132] Vgl. Munzel, M., Munzel, R. (2009), S. 513.

[133] Vgl. http://help.sap.com/saphelp_erp60_sp/helpdata/de, Stand 27.07.2012.

[134] Vgl. Munzel, M., Munzel, R. (2009), S. 280.

XML basierenden SEPA-Zahlungsformate können direkt im SAP-System erstellt werden und benötigen keine separate Middleware zur Konvertierung.[135]

### 7.1.1 Grundlagen

Die PMW kann von mehreren SAP-Komponenten genutzt werden, beispielsweise von der Debitoren- (FI-AR) und Kreditorenbuchhaltung (FI-AP), oder auch vom Cash (TR-CM) und Treasury Management (TR-TM). Die Pflege der SEPA-Zahlungsträgerformate erfolgt mit der Transaktion OBPM1 (siehe hierzu Abbildung 10).

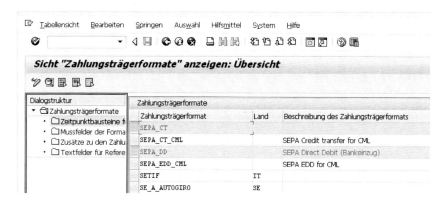

Abbildung 10: SEPA-Zahlungsträgerformate

Zum Funktionsumfang der PMW zählt die Definition und Anpassung der Zahlungsträgerformate sowie das Erstellen von Zahlungsdateien und Zahlungsavisen.[136] Hierzu ist die PMW in eine Entwicklungsumgebung eingebunden, aus der Programm-, Dictionary- oder Mapping-Tool-Objekte navigiert werden können.[137] Beispielsweise können die zugeordneten DMEE-Formatbäume angezeigt werden. Um die PMW einsetzen zu können, sind im Customizing des SAP-ERP-Systems verschiedene Einstellungen erforderlich.[138] [139]

---

[135] Vgl. Weiss, J. (2009), S. 178.

[136] Vgl. Munzel, M., Munzel, R. (2009), S. 282.

[137] Vgl. Weiss, J. (2009), S. 178f.

[138] Vgl. http://help.sap.com/saphelp_erp60_sp/helpdata/de, Stand 27.07.2012.

## 7.1.2  Konfiguration der Zahlungsträgerformate

Beim Customizing des SAP-Zahlungsprogramms kann für jede Kombination aus Land und Zahlweg festgelegt werden, ob die klassischen RFFO-Zahlungsträger-programme oder die PMW verwendet werden sollen. Diese Konfiguration kann mit der Transaktion FBZP aufgerufen werden. In der Sicht Zahlweg/Land ist die zu bearbeitende Kombination aus Land und Zahlweg per Doppelklick aufzurufen. Hier kann die Selektion des Zahlungsträgers erfolgen und außerdem ein Zahlungsträ-gerformat hinterlegt werden.[140] [141] In der Abbildung 11 ist die Konfigurationsmög-lichkeit für den Zahlweg SCT fur das Land Deutschland (DE) dargestellt.

---

[139] Vgl. Wild, C., Siebert, J. (2012), S. 55f.

[140] Vgl. Weiss, J. (2009), S. 179f.

[141] Vgl. Munzel, M., Munzel, R. (2009), S. 279.

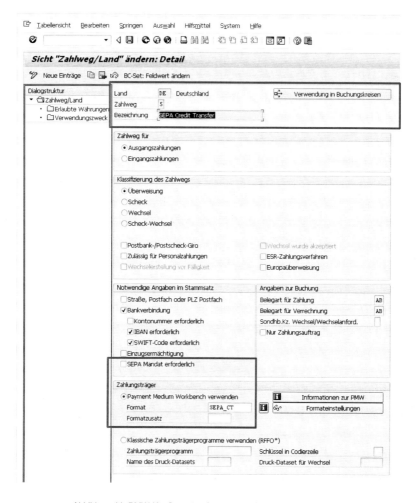

Abbildung 11: PMW-Konfiguration für den Zahlweg SCT und Land DE

Bei der Definition des Zahlwegs kann auch festgelegt werden, welche Angaben im Stammsatz erforderlich sind, damit die Posten mit diesem Zahlweg bezahlt werden dürfen. Ist beispielsweise bei den Kreditoren mit Zahlweg SCT keine Bankverbindung hinterlegt, wird vom Zahlprogramm eine Fehlermeldung für jeden zu zahlenden Kreditor ausgegeben. Ferner kann auch angegeben werden, unter welchen Belegarten die Zahlbelege und Ausgleichsbelege gebucht werden sollen.[142]

Zur Spezifizierung des Zahlungsvorgangs kann ggf. ein Formatzusatz hinzugefügt werden. Mit diesem Textschlüssel kann z.B. beim Zahlweg für SDD zwischen Einmal- (OOFF) und wiederkehrender Lastschrift (RCUR) unterschieden werden, indem im XML-Datenträger ein dafür vorgesehenes Feld befüllt wird.

Anschließend muss der Zahlweg einem oder mehreren Buchungskreisen zugewiesen werden. Um die Buchungskreisdaten eines Zahlweges zu ändern, muss über den Button „Verwendung in Buchungskreisen" in die Sicht „Pflege der Buchungskreisdaten eines Zahlweges" navigiert werden. Dort sollten die Kennzeichen „Geschäftspartner im Ausland zulässig" und „Bankverbindung im Ausland zulässig" gesetzt werden, um sicherzustellen, dass der Zahlweg sowohl für ausländische Zahlungsempfänger als auch für ausländische Bankverbindungen des Zahlungsempfängers verwendet werden kann.[143]

Danach kann dem Zahlweg pro Herkunft ein Verwendungszweck zugeordnet werden. Hierzu ist im Übersichtsbaum das Feld „Verwendungszweck nach Herkunft" zu klicken (siehe Abbildung 12). Es besteht die Möglichkeit, die von SAP ausgelieferten Beispiele zu nutzen, z. B. für FI-AP und FI-AR den Verwendungszweck SAMPLE 02 und für alle anderen SAMPLE 00 (Herkunft leer lassen).[144] [145]

---

[142] Vgl. Munzel, M., Munzel, R. (2009), S. 280.

[143] Vgl. Weiss, J. (2009), S. 196.

[144] Vgl. http://help.sap.com/saphelp_erp60_sp/helpdata/de, Stand 27.07.2012.

[145] Vgl. Wild, C., Siebert, J. (2012), S. 62f.

Abbildung 12: Verwendungszweck nach Herkunft ändern

Abschließend müssen Selektionsvarianten gepflegt werden, damit das Zahlungsprogramm die Zahlungsträger automatisch einplant. Durch die Selektionsvarianten
wird der Zahlungsbestand separiert, wodurch letztendlich separate Druckaufträge
(z. B. für Avise) oder Ausgabedateien erzeugt werden. Im Gegensatz zu den klassischen RFFO-Zahlungsträgerprogrammen werden diese Selektionsvarianten
zentral eingerichtet und müssen nicht für jeden Zahllauf als Parameter eingetragen
werden.[146]

### 7.1.3 Prozessablauf

Sofern ein Zahlungsprogramm gestartet wird, sortiert die PMW zunächst den Regu-
lierungsbestand der auszugleichenden Posten und teilt ihn gemäß der gewünschten Granularität automatisch in Gruppen auf. Für die Aufbereitung der Zahlungsdaten wird das Programm SAPFPAYM_SCHEDULE verwendet, während das Programm SAPFPAYM die Zahlungsträger und Begleitzettel generiert. Das Programm
RFFOAVIS_FPAYM erstellt ggf. die Avise als Brief, IDoc oder Fax. Im Zahlungsträgerformat wird wie in Kapitel 7.1.2 beschrieben, die Art des Zahlungsträgers
oder der Verwendungszweck spezifiziert und außerdem die Granularität bestimmt.

---

[146] Vgl. Weiss, J. (2009), S. 182f.

Dies ermöglicht eine separate Dateierstellung für z. B. jeden Buchungskreis, jede Hausbank oder jeden am Zahllauf beteiligten Zahlweg. Die Granularität dieser Gruppen hängt vom gewünschten Zahlungsformat und den erforderlichen Daten im Dateiheader ab. Im SCT werden z. B. im Block „Payment Identification" Informationen zur Hausbank erwartet.[147] Die von SAP ausgelieferten SEPA-Zahlungsträgerformate werden nach den Kriterien Buchungskreis und Hausbank getrennt und können mit der Transaktion OBPM1 gepflegt werden (siehe Abbildung 13).

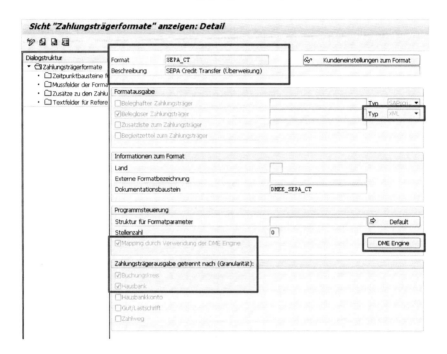

Abbildung 13: Pflege der Granularität der Zahlungsträgerausgabe vom Format SEPA_CT

Für jede der mit Hilfe der Granularität gebildeten Gruppen wird das Zahlungsträgerprogramm mit der hinterlegten Selektionsvariante gestartet. Dabei selektiert dieses Programm die zur Gruppe gehörenden Zahlungen und berücksichtigt im Zahlungsformat hinterlegte Mapping-Regeln und ggf. Zeitpunkte zum Funktionsbausteinaufruf. Anschließend wird der Zahlungsträger erzeugt und an die DTA-

---

[147] Vgl. Weiss, J. (2009), S. 184f.

Verwaltung übergeben.[148] Mit der Transaktion F110 wird die DTA-Verwaltung aufgerufen, in der alle erstellten Datenträger zur angegebenen Selektion angezeigt werden.[149] Außerdem werden u. a. der Druck einer Begleitliste zum ausgewählten Datenträger und das Erstellen von Zahlungsavisen unterstützt.[150] Die Download-Funktion der DTA-Verwaltung ermöglicht das Erstellen eines Duplikats des Datenträgers auf der Festplatte. Werden die Datenträger vom Zahlprogramm nicht im SAP-System, sondern im Filesystem abgelegt, so interpretiert das System diesen Vorgang bereits als Download.[151]

## 7.2 Data Medium Exchange Engine

Die DMEE ist ein SAP-Customizing-Tool zur Definition und Änderung von Dateiformaten. Mit Hilfe der DMEE können Ein- und Ausgabedateien für Zahlungsträger und Kontoauszüge generiert werden. Diese Dateien werden in der DMEE als graphischen Editor in sogenannten Formatbäumen modelliert.[152] [153] Für die einzelnen SAP-Anwendungen existieren unterschiedliche Baumtypen. Der Typ PAYM ist dabei dem Zahlungsprogramm zugeordnet, so dass diese Anwendung aus den definierten Formatbäumen eine Zahlungsträgerdatei generieren kann. Beim Start des SAP-Zahlungsprogramms wird dabei das generische Zahlungsträgerprogramm der PMW ausgeführt, das die Zahlungsträgerdateien erstellt. Das Format der PMW verwendet den DMEE-Formatbaum, um die zu sendende Zahlungsdatei zu erzeugen. Der Aufbau des Datenträgers erfolgt dabei mit dem im DMEE-Formatbaum hinterlegten Aufbau.[154]

Für die Konfiguration der Zahlungsdateien wird wiederum die PMW mittels der Transaktion OBPM1 verwendet. Hierbei ist zu beachten, dass das Zahlungsträgerformat und der DMEE-Formatbaum die identische Bezeichnung haben müssen. Bei der Definition des SEPA-Zahlungsträgerformats muss in der Formatausgabe der

---

[148] Vgl. Weiss, J. (2009), S. 185.

[149] Vgl. http://help.sap.com/saphelp_erp60_sp/helpdata/de, Stand 27.07.2012.

[150] Vgl. Wild, C., Siebert, J. (2012), S. 67.

[151] Vgl. http://help.sap.com/saphelp_erp60_sp/helpdata/de, Stand 27.07.2012.

[152] Vgl. Weiss, J. (2009), S. 187.

[153] Vgl. Wild, C., Siebert, J. (2012), S. 67.

[154] Vgl. Wild, C., Siebert, J. (2012), S. 68f.

Formattyp „XML" und in der Programmsteuerung das Kennzeichen „Mapping durch Verwendung der DME Engine" ausgewählt werden. Danach wird der Button „DME Engine" angezeigt, über welchen nun in die zugeordneten DMEE-Formatbäume navigiert werden kann (siehe Abbildung 13 zur Pflege der Granularität der Zahlungsträgerausgabe vom Format SEPA_CT). Der DMEE-Formatbaum besteht aus n-Knoten, deren Detailinformationen auf verschiedenen Registerkarten angezeigt werden können. Die Register umfassen verschiedene technische Einstellungen und Eigenschaften, die für die gesamte Datei relevant sind.[155] In den Verwaltungsdaten sind u.a. der Baumtyp, die Version und die Dokumentation des Formatbaums hinterlegt (siehe Abbildung 14).

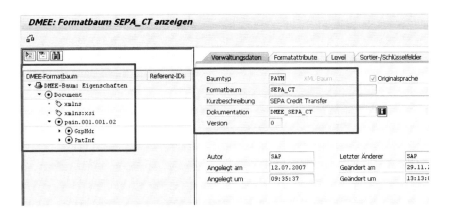

Abbildung 14: DMEE-Formatbaum für SEPA_CT

Das DMEE-Tool, das mit der Transaktion DMEE gestartet werden kann, ermöglicht eine flexible und effiziente Definition und Pflege der aktuell gültigen SEPA-Formate. Es ist festzustellen, dass es in den verschiedenen SEPA-Mitgliedsstaaten kleinere, länderspezifische Abweichungen vom Implementierungsleitfaden des Europäischen Rates für Zahlungsverkehr gibt.[156] Um die SEPA-Fähigkeit des SAP-Systems für Deutschland zu gewährleisten, sind die vom Zentralen Kreditausschuss (ZKA) veröffentlichten SEPA-Formate in den DMEE-Formatbäumen einzupflegen.

---

[155] Vgl. Weiss, J. (2009), S. 187ff.
[156] Vgl. Weiss, J. (2009), S. 187.

## 7.3 Unterstützung der neuen Zahlungsformate in SAP

Die neuen Zahlungsformate SEPA_CT und SEPA_DD werden von SAP als DMEE-Formatbaum ausgeliefert. Dabei entsprechen im SAP ERP 6.0 EHP4 die Formate den Implementierungsrichtlinien des EPC vom 18.12.2006, für SCT der Version 3.2 und für SDD der Version 2.3. SAP liefert keine länderspezifischen Varianten aus, sondern orientiert sich am SEPA-Subset der ISO-20022-Nachrichten.[157] Der grundsätzliche Aufbau der SEPA-spezifischen Credit-Transfer-Initiation-Nachricht für den SCT ist identisch der Customer-Direct-Debit-Initiation-Nachricht für den SDD und beinhaltet einen generischen Dateikopf (Group Header), sowie einen Block mit Zahlungsinformationen (Payment Information) und einen mit Transaktionsdaten (Transaction Information).[158] Auch der DMEE-Formatbaum besteht bei beiden Varianten aus den drei Hierarchieebenen Datei, Zahlungsinformationen (Batch) und Transaktionsdaten (einzelne Zahlungen) mit den gleichen Sortier- und Schlüsselfeldern.[159] Neben den beiden von SAP ausgelieferten SEPA-Formatbäumen können weitere Formatbäume mit landesspezifischer Definition, oder z.B. für das SDD-B2B-Verfahren, in der DMEE angelegt werden. Um einen kundenspezifischen Formatbaum einzubinden, muss das Business Add-In (BAdI) DMEE_XML_BADI_01 angepasst werden.[160]

### 7.3.1 SEPA_CT

Der implementierte DMEE-Formatbaum für das SCT-Format (pain.001) entspricht den Formatspezifikationen, die im Oktober 2006 von ISO 20022 für das allgemeine pain.001.001.02 Format veröffentlich wurden, und dem vom EPC festgelegten Implementierungsleitfaden vom 18.12.2006.[161] Als Granularität für das Zusammenfassen der Gutschriftsaufträge in einer Datei sieht das Zahlungsformat SEPA_CT den SAP-Buchungskreis, die Hausbank sowie das Hausbankkonto vor. Der Verwendungszweck, der im SCT auf 140 Zeichen begrenzt ist, wird von SAP im Stan-

---

[157] Vgl. Weiss, J. (2009), S. 191.
[158] Vgl. ZKA (2010), S. 24.
[159] Vgl. Weiss, J. (2009), S. 201.
[160] Vgl. Wild, C., Siebert, J. (2012), S. 78f.
[161] Vgl. http://help.sap.com/saphelp_erp60_sp/helpdata/de, Stand 27.07.2012.

dard nur unstrukturiert gefüllt.[162] Dafür liefert SAP Texttypen aus, die als Default-Verwendungszweck festgelegt werden können. Ferner ist im Anhang 5 der Aufbau des DMEE-Formatbaums für den SCT zu finden, bei der die XML-Tags den entsprechenden Quellstrukturen und Quellfeldern im SAP-System gegenübergestellt werden. Die SAP-Quellstruktur FPAYH enthält alle Zahlungsdaten für den Zahlungsträger, während die Struktur FPAYHX die aufbereiteten Zahlungsdaten enthält. Der Unterschied zwischen diesen beiden Strukturen besteht darin, dass FPAYH interne Attribute, z. B. Sortier- und Steuerungsfelder, und Daten zu bezahlten Posten enthält, während die Struktur FPAYHX tatsächlich nur Daten beinhaltet, die im Zahlungsträger an das Kreditinstitut übertragen werden sollen.[163]

## 7.3.2 SEPA_DD

Der implementierte DMEE-Formatbaum für das SDD-Format (pain.008) entspricht den Formatspezifikationen, die im Oktober 2006 von ISO 20022 für das allgemeine pain.008.001.01 Format veröffentlich wurden, und dem vom EPC festgelegten Implementierungsleitfaden vom 18.12.2006.[164] Als Granularität für das Zusammenfassen der Lastschriftsaufträge in einer Datei sieht das Zahlungsformat SEPA_DD auch den SAP-Buchungskreis, die Hausbank sowie das Hausbankkonto vor. Ebenso ist der Verwendungszweck im SDD auf 140 Zeichen begrenzt und wird nur unstrukturiert gefüllt.[165] Die Konfiguration des Zahlwegs für die SEPA_DD mit der Transaktion FBZP ist nahezu identisch mit der des SEPA_CT. Der wesentliche Unterschied besteht darin, dass das Kennzeichen „SEPA Mandat erforderlich" gesetzt werden muss, um eine Prüfung des Vorhandenseins eines gültigen Mandats durch das SAP-Zahlungsprogramm zu aktivieren. Ob eine Datei vom Typ Core oder B2B erzeugt wird, hängt vom Typ des SEPA-Mandats ab. Im Anhang 6 ist der Aufbau des DMEE-Formatbaums für die SDD-Core zu finden, bei der die XML-Tags den entsprechenden Quellstrukturen und Quellfeldern im SAP-System zugewiesen werden.

---

[162] Vgl. Weiss, J. (2009), S. 194.
[163] Vgl. Weiss, J. (2009), S. 200.
[164] Vgl. http://help.sap.com/saphelp_erp60_sp/helpdata/de, Stand 27.07.2012.
[165] Vgl. Weiss, J. (2009), S. 202.

## 7.4 SEPA-Mandatsverwaltung in SAP

Bei der Implementierung der Mandatsverwaltung in SAP wurde darauf geachtet, dass neben der Branchenlösung „SAP for Banking" verschiedene SAP-Komponenten, wie z. B. die Nebenbuchhaltungen FI-CA und FI-AR genutzt werden können.[166] Im Folgenden wird die SEPA-Mandatsverwaltung mittels der Debitoren-buchhaltung FI-AR vorgestellt.

### 7.4.1 SAP-Datenfelder des Mandats

Ein SEPA-Mandat im SAP-System besitzt eine Reihe von Stammdaten, die in der Tabelle SEPA_MANDATE sowie den Strukturen SEPA_MANDATE_DATA, SE-PA_S_SENDER, SEPA_S_SENDER_DATA, SEPA_S_RECEIVER, SE-PA_S_RECEIVER_DATA, SEPA_S_REFERENCE, SE-PA_S_REFERENCE_DATA, SEPA_S_USE, SEPA_S_ADMIN_EXT und SE-PA_S_ADMIN_INT gespeichert werden. Dabei werden die Datentypen CHAR (Zeichenfolge), DATS (Datum), NUMC (Zeichenfolge, die nur Ziffern enthalten darf), LANG (Sprachenschlüssel) und RAW (uninterpretierte Byte-Folge) verwendet.[167] Eine Übersicht über die SAP-Datenfelder für die SEPA-Mandatsverwaltung ist im Anhang 7: Datenfelder der SEPA-Mandatsverwaltung zu finden. Jedes SE-PA-Mandat verfügt mit dem Feld MGUID über einen eindeutigen SAP-internen Schlüssel, der auch die Möglichkeit bietet, verschiedene Versionen von Mandaten zu verwalten. Eine neue Mandatsversion wird im Feld MVERS hinterlegt, so dass es in der Tabelle SEPA_MANDATE mehrere Datensätze mit unterschiedlichen MGUID-Schlüsseln und jeweils verschiedenen MVERS-Einträgen geben kann. Diese haben aber immer den identischen Wert im Datenfeld MNDID. Allerdings kann es immer nur eine aktive Version eines Mandats geben und diese trägt immer die Nummer 0000.[168] [169]

---

[166] Vgl. Weiss, J. (2009), S. 148.

[167] Vgl. Weiss, J. (2009), S. 154.

[168] Vgl. Weiss, J. (2009), S. 158.

[169] Vgl. http://help.sap.com/saphelp_erp60_sp/helpdata/de, Stand 27.07.2012.

## 7.4.2 Verwaltung der SEPA-Mandate

Bei der Verwaltung der Mandate im SAP-System gibt es verschiedene Funktionen zur Mandatsanlage und Mandatspflege. Es können Mandate manuell über eigene Dialog-Transaktionen und über die gewohnten Stammdatentransaktionen gepflegt werden. Im FI-AR erscheint in den Transaktionen zur Pflege der Bankstammdaten von Kunden oder Lieferantenstammdaten analog zum IBAN-Kopf eine eigene Spalte mit Ikonen, um die SEPA-Mandate zu verwalten (siehe Abbildung 15). Es besteht die Möglichkeit, für eine Bankverbindung eines Geschäftspartners mehrere Mandate anzulegen. Wenn für die Bankverbindung des Debitors keine IBAN hinterlegt ist, dann wird gar keine Ikone angezeigt. Sofern eine IBAN vorhanden ist, wird zwar eine Ikone angezeigt, die aber nicht farblich hinterlegt ist. Die Mandatsikone wird nur farblich hervorgehoben, wenn für die jeweilige Bankverbindung bereits ein Mandat und eine IBAN vorhanden sind.[170] Die Abbildung 15 zeigt beispielhaft die Debitorenstammdaten für den Debitor 3471 mit drei Bankverbindungen. Bei zwei Bankverbindungen ist eine IBAN hinterlegt und für eine IBAN existiert ein Mandat.

Abbildung 15: Anzeige von SEPA-Mandaten in den Debitorenstammdaten

---

[170] Vgl. Weiss, J. (2009), S. 164.

Ferner dienen die Dialog-Transaktionen FSEPA_M1, FSEPA_M2 und FSEPA_M3 zum Anlegen, Ändern bzw. zum Anzeigen von SEPA-Mandaten. Dabei stehen die Selektionsparameter ID des Mandats, Kreditor und IBAN des Debitors zur Verfügung. Im anwendungsspezifischen Bereich für FI-AR können zusätzlich der Debitor und der zahlende Buchungskreis erfasst werden (siehe Abbildung 16).[171] In der Dialog-Transaktion FSEPA_M1 zum Anlegen von Mandaten kann mittels des Buttons „Globale Sperren" für alle Mandate, die zu einem bestimmten CI und einer bestimmten Bankverbindung gehören, ein globaler Sperreintrag gesetzt werden (Datenfeld GLOCK, siehe Anhang 7). Mit Hilfe dieser SAP-Funktionalität der globalen Sperren könnte beispielsweise eine Bank für ein Bankkonto eines Kunden erreichen, dass ein bestimmter CI keine Mandate mehr für dieses Kundenkonto einreichen kann.[172]

### Mandat anlegen: Einstiegsbild

🔒 Globale Sperren

| Identifikation des Mandats | |
|---|---|
| ID des Mandats | 002 |
| Kreditor | DE93LFA00000000138 |
| IBAN | |

| Identifikation des Senders (Mandatsgeber) | | Identifikation des Empfängers (Begünstigter) | |
|---|---|---|---|
| Debitor | 3471 | Zahlender Buchungskreis | 1000 |

Abbildung 16: Dialog-Transaktion FSEPA_M1 zum Anlegen von Mandaten im FI-AR

Für die Auswertung der existierenden Mandate im SAP-System kann das ABAP-Programm RSEPALIST verwendet werden, das sich mit der Transaktion FSE-PA_M4 aufrufen lässt. Hiermit kann neben der Suche nach Mandaten und deren Auswertung auch die massenhafte Änderung und Anlage von Mandaten erfolgen. Beispielsweise kann der Mandatsstatus (Datenfeld STATUS, siehe Anhang 7) nach dem Empfang der vom Debitor unterzeichneten Mandatsformulare für n-Mandate

---

[171] Vgl. http://help.sap.com/saphelp_erp60_sp/helpdata/de, Stand 27.07.2012.
[172] Vgl. Weiss, J. (2009), S. 166f.

auf „Aktiv" gesetzt werden. Beim Ändern und Anlegen von SEPA-Mandaten können bestimmte Mandatsattribute vom System vorbelegt werden.[173] [174]

Im FI-AR gibt es einen weiteren vergleichbaren ABAP-Report RF_CONVERT_XEZER_TO_MANDATE, der für bestehende Bankverbindungen Mandate erzeugt. Voraussetzung hierfür ist, dass für die Bankverbindung in den Stammdaten des Debitors eine IBAN hinterlegt, das Kennzeichen „Einzugsermäch-tigung" gesetzt und ein entsprechender SDD-Zahlweg gepflegt ist.[175]

Die SEPA-Regularien sehen auch vor, dass Mandate nicht mehr verwendet werden können, wenn Sie 36 Monate nicht aktiv in Zahlungsprozessen verwendet wurden. Aus diesem Grund beinhaltet die Transaktion FSEPA_M4 auch einen Selektions-parameter, in dem ein entsprechender Zeitraum für die Auswertung solcher Manda-te festgelegt werden kann. Auf diese Weise kann festgestellt werden, welche Man-date in absehbarer Zeit ihre Gültigkeit verlieren, und entschieden werden, ob von den Debitoren ein neues Mandat eingeholt werden soll.[176] Der Sachverhalt zur Anpassung des Sequenztyps unter dem Gesichtspunkt der R-Transaktionen (siehe Kapitel 5.2.6.4) ist in SAP derzeit nicht vollständig gelöst.

Außerdem ist es möglich, die SEPA-Mandate im SAP-System zu archivieren. Das Archivierungsobjekt heißt CA_SEPA. Mandate, deren Status storniert oder veraltet ist und deren letztes Verwendungsdatum mindestens 90 Tage zurück liegt, werden aus der SAP-Produktionsdatenbank ins Archiv geschrieben und anschließend von der Datenbank gelöscht. Für den Druck von SEPA-Mandaten liefert SAP für alle unterstützten SAP R/3- und SAP-ERP-Versionen ein Smart Forms-Formular aus. Für mySAP ERP 2004 und SAP ERP 6.0 wird zusätzlich ein PDF-Formular bereit-gestellt. Mittels der generischen Smart Forms- und PDF-Formularfunktion sind die Mandatsformulare individuell gestaltbar und können sowohl für den Einzel- als auch für den Massendruck verarbeiten werden[177] (siehe Anhang 8 zur Druckansicht eines SEPA-Mandats).

---

[173] Vgl. Weiss, J. (2009), S. 167f.

[174] Vgl. http://help.sap.com/saphelp_erp60_sp/helpdata/de, Stand 27.07.2012.

[175] Vgl. Weiss, J. (2009), S. 172f.

[176] Vgl. Weiss, J. (2009), S. 175f.

[177] Vgl. Weiss, J. (2009), S. 176.

### 7.4.3 Integration in den Zahllauf

Die SEPA-Mandatsverwaltung ist eng in das Zahlprogramm der Nebenbuchhaltung FI-AR integriert. Das SAP-Zahlungsprogramm wertet SEPA_DD-Zahlwege bei der Erstellung von Zahlungen aus. Sofern ein Zahlweg als SEPA_DD-Zahlweg, z. B. im Posten oder in den Stammdaten identifiziert wird, führt das SAP-Zahlprogramm eine Prüfung durch, ob für den Geschäftspartner oder die verwendete Bank des Debitors eine IBAN hinterlegt ist und ob für die zu regulierenden Posten des Debitors ein gültiges Mandat (STATUS=AKTIV) vorliegt. Sofern diese Prüfungen positiv sind und ein Mandat im Zahllauf verwendet wird, generiert das SAP-System einen Eintrag in der Tabelle SEPA_MANDATE_USE. Nur der eindeutige Schlüssel des verwendeten Mandats (Datenfeld MGUID) aus den Mandatsstammdaten im FI-AR wird in den Tabellen REGUH und PAYRQ gespeichert. In diesen beiden Relationen werden die Einträge gesichert, die das Zahlprogramm F110 erstellt. [178] [179] Diese Datensätze werden dann auch von den Zahlungsträgerdruckprogrammen verwendet, um die SDD-spezifischen Zahlungsträger (pain.008) zu erstellen. Für SDD-Transaktionen, die über den SEPA_DD-Zahlweg mit einem gültigen SEPA-Mandat abgewickelt werden, speichert das SAP-System die ID des verwendeten Mandats im Kopfsatz der betreffenden Zahlung. Gemäß den SEPA-Vorschriften setzt das SAP-Zahlungsprogramm das Ausführungsdatum für einfach verwendete Mandate bzw. bei Erstlastschriften auf 5 Tage; das für mehrfach verwendete Mandate bzw. Folgelastschriften auf 2 Tage nach Erstellung der Zahlung.[180] [181]

### 7.4.4 Konfiguration

SAP liefert für die SEPA-Mandatsverwaltung verschiedene Berechtigungsobjekte aus, mit Hilfe dessen verschiedene Berechtigungen der Anwender zum Anlegen, Ändern und Anzeigen von Mandaten konfiguriert werden können. Für FI-AR sind

---

[178] Vgl. http://help.sap.com/saphelp_erp60_sp/helpdata/de, Stand 27.07.2012.
[179] Vgl. Weiss, J. (2009), S. 161ff.
[180] Vgl. http://help.sap.com/saphelp_erp60_sp/helpdata/de, Stand 27.07.2012.
[181] Vgl. Barth, M. (2012), S. 12.

dies die Berechtigungsobjekte F_MANDATE (auf Buchungskreisebene) und F_SEPA_MDT (für globale Sperren).[182]

Die Konfiguration der SEPA-Mandatsverwaltung für FI-AR ermöglicht diverse Einstellungen. Dazu gehört im Pflege-View V_SEPA_CTRL u.a. die Festlegung von verschiedenen SAP-Bildschirmelementen (Subscreens) für die Selektion von Mandaten und deren Detailanzeige. Neben den SAP-Standardfunktionsbausteinen können teilweise auch eigene Bausteine hinterlegt werden, um die Programmlogik der Mandatsverwaltung zu verändern.[183] SAP stellt im Standard insgesamt acht verschiedene Funktionsbausteine für Prüfungen und Datenergänzungen bereit (siehe Anhang 9 zur Standard-Konfiguration der SEPA-Mandatsverwaltung für FI-AR). Der Funktionsbaustein zur Mandat-ID liefert im SAP-Standard die eindeutige Mandatsreferenz (Datenfeld MND_ID, siehe Anhang 7) zurück. Standardmäßig wird für FI-AR der Baustein FI_APAR_MANDATE_DEFAULT_MNDID verwendet, der für ein Mandat eine fortlaufende Nummer mit 12 numerischen Stellen erzeugt. Diese Nummerierung der Mandatsreferenz kann durch eine eigene Logik übersteuert werden, indem ein kundendefinierter Funktionsbaustein hinterlegt wird.

Neben dem Pflege-View V_SEPA_CTRL können in den Pflege-Views V_SEPA_CUST und V_SEPA_FIELDS die notwendigen Customizing-Einstellungen für die Verwaltung von SEPA-Mandaten vorgenommen werden. Im View V_SEPA_CUST kann die SEPA-Mandatsverwaltung aktiviert werden. Ferner können hier, wie bereits beschrieben, eigene Bausteine registriert werden, die Datenergänzungen und weitere Prüfungen vornehmen. Darüber hinaus kann der zu verwendende Formulartyp für die SEPA-Mandate eingerichtet werden. In View V_SEPA_FIELDS können die Felder hinterlegt werden, die in einem SEPA-Mandat änderbar sein sollen und ob ggfs. bei einer Änderung das Mandat überschrieben oder eine neue Version des Mandats erstellt werden soll.

SAP hat sich beim Design der Mandatsverwaltung für die größtmögliche Flexibilität entschieden, da das EPC-Regelwerk und der Implementierungsleitfaden vom 18.12.2006 diesbezüglich nicht eindeutig sind und auch in den Folgejahren angepasst wurden/werden. Die SEPA-Pflege-Views für die Mandatsverwaltung werden

---

[182] Vgl. Weiss, J. (2009), S. 176.
[183] Vgl. Weiss, J. (2009), S. 149.

in den künftigen SAP ERP-Versionen voraussichtlich auch in den SAP-Einführungsleitfaden (IMG) aufgenommen.[184] Für niedrigere Releases ist dies jedoch noch nicht umgesetzt, so dass für die Pflege-Views die klassischen SAP-Transaktionen, wie z.B. SM30, verwendet werden müssen.

Die UCI kann im SAP-System im View V_T042B pro zahlenden Buchungskreis eingepflegt werden (siehe Abbildung 17). Dieser Feldinhalt findet sich dann wieder als obligatorisches Feld im Mandatsformular, im SDD-Zahlungsträger und in der Pre-Notification.[185]

Abbildung 17: Pflege der UCI

---

[184] Vgl. Weiss, J. (2009), S. 154.
[185] Vgl. Wild, C., Siebert, J. (2012), S. 102f.

## 7.5 Anpassung von Prozessen der Zahlungsabwicklung

Im SAP-ERP-System sind einige Anpassungen notwendig, um SEPA-konforme Datenträger erstellen zu können. Da die bisherigen Formate DTAUS und DTAZV für Überweisungen und Lastschriften zukünftig entfallen, sind die DMEE-Formatbäume SEPA_CT und SEPA_DD zu implementieren. Bei der Konfiguration der Zahlwege müssen die neuen Verwendungszwecke mit max. 140 Zeichen definiert werden. Ggf. können diverse Zahlwege für Empfänger im In- und Ausland zusammengelegt werden. Die Stammdaten für die Kreditoren, Debitoren und Geschäftspartner müssen hinsichtlich der Bankverbindungen geändert werden, d.h. IBAN und BIC müssen bei allen Bankverbindungen und die SEPA-Zahlwege am Debitor, Kreditor oder Vertragskonto eingepflegt werden.

### 7.5.1 Anpassung der Stammdaten für Personenkonten und Banken

Die Attribute IBAN und BIC sind im SAP-System Bestandteil der Bankverbindung und können bei der Pflege von Geschäftspartner-Stammdaten eingegeben werden. Im SAP-System wird der BIC als SWIFT-Code bezeichnet. Die Transaktion FD02 zeigt, wie in Abbildung 18 beispielhaft zu sehen, in den Debitorenstammdaten den Bankschlüssel und die Kontonummer des Debitor 3471 auf. Ein Debitorenkonto enthält alle Informationen, die der Buchungskreis für die wertmäßige Abbildung von Geschäftsvorfällen mit dem Debitor benötigt. Aufgrund der Zuordnung des Abstimmkontos werden Forderungen gegenüber Debitoren im Hauptbuch auf der Ebene des Sachkontos parallel geführt.[186]

---

[186] Vgl. Munzel, M., Munzel, R. (2009), S. 508.

Abbildung 18: Ablage von IBAN und BIC am Debitor

Die IBAN wird in der Tabelle TIBAN und der BIC in der Tabelle KNBK für Debitoren bzw. für Kreditoren in der Tabelle LFBK gespeichert. Zu den Schlüsselfeldern zählen hier u.a. der Länderschlüssel der Bank (BANKS), der das Land identifiziert, in dem das Kreditinstitut seinen Sitz hat, und anhand dessen festgelegt wird, nach welchen Regeln die restlichen Bankdaten geprüft werden. Weiterhin charakterisiert das Attribut BANKL den Bankschlüssel, unter dem im jeweiligen Land die Bankdaten gespeichert werden. Überwiegend ist dies die BLZ, es gibt aber auch Länder in dem die Bankkontonummer diese Funktion übernimmt. Das Schlüsselattribut BANKN enthält die Bankkontonummer, unter der das Konto beim Kreditinstitut geführt wird.[187] Da zukünftig nationale Kontonummern durch die IBAN ersetzt werden, lässt sich bei der Stammdatenanlage ein Vorschlag für diese neue IBAN

---

[187] Vgl. Weiss, J. (2009), S. 214f.

erzeugen. Hier besteht eine Abhängigkeit in der Stammdatenpflege von Bank-schlüssel, Kontonummer und der dann hinterlegten IBAN. Für bereits bestehende Stammdaten von Geschäftspartnern ist dies ein valider Ansatz, da neu anzulegen-de Geschäftspartner evtl. keine Informationen zum Bankschlüssel und zur BLZ, sondern nur noch bezüglich der IBAN haben. Das hat zur Folge, dass Stammdaten wie Bankenschlüssel und BLZ nicht mehr zwangsläufig zuerst im SAP-Bankenverzeichnis zu hinterlegen sind. Um bei der Erfassung einer Bankverbin-dung eine Abkürzung direkt zur IBAN zu ermöglichen, muss über die Transaktion SM30 die Tabelle TIBAN_WO_ACCNO gepflegt werden.[188] [189] Mit der Auswahl „Pflegen" kann die Funktionalität zur IBAN-Pflege ohne Bankkontonummer im Stammsatz der Personenkonten aktiviert werden (siehe Abbildung 19).

Abbildung 19: Aktivierung von „IBAN ohne Bankkontonummer"

Die Bankenstammdaten enthalten Informationen über eine Bank, die für die Ab-wicklung von Geschäften mit der Bank erforderlich sind. Diese Informationen wer-den zentral im SAP-System abgelegt.[190] Ein SAP-Bankenstammdatensatz enthält u.a. den Namen und die Anschrift der Bank, sowie ein Feld für die nationale BLZ und ein Feld für den BIC/SWIFT-Code. Die Banken sind nach dem Länderschlüssel und Bankschlüssel organisiert, wobei die Art des Bankschlüssels länderspezifisch mit der Transaktion OY17 eingestellt werden kann.[191]

[188] Vgl. Forsthuber, H., Siebert, J. (2010), S. 364f.

[189] Vgl. Wild, C., Siebert, J. (2012), S. 40.

[190] Vgl. Munzel, M., Munzel, R. (2009), S. 506.

[191] Vgl. http://help.sap.com/saphelp_erp60_sp/helpdata/de, Stand 08.08.2012.

### 7.5.2 Migration deutscher Bankverbindungen in das IBAN-Format

Da die IBAN nicht bank- sondern kontobezogen ist, stehen keine Verzeichnisse zum Einspielen zur Verfügung. Es ist nicht erlaubt, die IBAN selbst aus der BLZ und Kontonummer zu berechnen. Nur das kontoführende Kreditinstitut darf eine IBAN zu einer bestehenden Kontonummer zuordnen. Die IBAN ist zwar Vorausset-zung für den SEPA-Zahlungsverkehr, allerdings gibt es kein EU-weites Verfahren, womit die bestehenden Stammdaten auf die IBAN umgestellt werden können. Für die Umrechnung deutscher Bankverbindungen existieren inzwischen einige Daten-dienste. Im Folgenden wird die Vorgehensweise mithilfe des IBAN-Service-Portals[192] des Bank-Verlag GmbH erläutert.

Das IBAN-Service-Portal ist eine internet-basierte Web-Anwendung, um im Rah-men der SEPA-Einführung die bisherige Kontoidentifikation mittels Bankleitzahlen und Kontonummern auf IBAN und BIC umzustellen. Nach erfolgter Registrierung und Authentifizierung kann im IBAN-Service-Portal die Einreichung von Dateien für die Umstellung von Kontoverbindungen, der Upload einer sogenannten IBAN-Hin-Datei, erfolgen.[193] Der Aufbau eines Datensatzes einer IBAN-Hin-Datei folgt der allgemeinen ZKA-Spezifikation. Die Datei kann als Textdatei mit einer festen Länge von 145 Stellen oder als CSV-Datei eingeliefert werden.[194] Sobald die IBAN-Berechnung abgeschlossen ist, erhält der Benutzer hierüber eine Info-E-Mail und kann abschließend eine IBAN-Rück-Datei aus dem Portal downloaden. Die IBAN-Rück-Datei enthält die IBAN und die BIC zu den eingereichten Kontoverbindun-gen.[195] Mit der SAP-Transaktion IBANMD wird das Programm RFIBANMD gestar-tet, das im ersten Schritt die IBAN-Hin-Datei aufbereitet, die in das IBAN-Service-Portal hochgeladen werden kann. Danach liest das Programm die heruntergelade-ne IBAN-Rück-Datei ein und speichert die generierten IBAN in die Tabelle TIBAN oder vergleicht sie mit der bereits im SAP-System vorhandenen IBAN. Außerdem wird auch der BIC der zugehörigen Bank geprüft. Die genaue Vorgehensweise für das IBAN-Hin- und Rückverfahren ist im SAP-Hinweis 1251446 beschrieben.[196] Für jede eingereichte IBAN-Hin-Datei mit maximal 100.000 Datensätzen werden 27,50

---

[192] Web-Adresse: https://www.iban-service-portal.de
[193] Vgl. Bank-Verlag GmbH (2012), S. 6.
[194] Vgl. Bank-Verlag GmbH (2012), S. 20.
[195] Vgl. Bank-Verlag GmbH (2012), S. 6f.
[196] Vgl. http://service.sap.com/, Stand 23.08.2012.

Euro zzgl. Umsatzsteuer von der Bank-Verlag GmbH berechnet. Das einmalige Entgelt für die Freischaltung einer Benutzerkennung beträgt 45,00 Euro zzgl. Umsatzsteuer.[197]

Der zentrale Bankenstamm ist um die BIC zu erweitern. Für den Import von BIC-Verzeichnis-Dateien gibt es auch verschiedene Lösungsansätze. Mittels der Transaktion BAUP bzw. dem Programm RFBVALL_0 können länderspezifische Bankenverzeichnisse, wie z.B. die Bankleitzahlendatei der Deutschen Bundesbank im ASCII-Format direkt in die Tabelle BNKA des SAP-Systems übernommen werden.[198] [199] Die Bankleitzahlendatei ist ein Verzeichnis aller gültigen Bankleitzahlen in Deutschland, das u.a. auch die BICs enthält, und viermal jährlich von der Deutschen Bundesbank aktualisiert wird.[200]

Eine analoge Funktionalität bietet das Programm RFBVBIC_0, mit dem ein Bankenverzeichnis für mehrere Länder in die Tabelle BNKA übernommen werden kann. Von den weltweiten Datei-Anbietern wird direkt im SAP-System beispielsweise das BICPlusIBAN-Directory der Firma SWIFT unterstützt. Dieses Verzeichnis kann mittels der Transaktion BIC bzw. dem Programm RFBVBIC_0 ins SAP-System eingespielt werden.[201] [202]


### 7.5.3 Anpassung der Kontoauszugsverarbeitung

Die Einstellungen zum elektronischen Kontoauszug bilden die Grundlage, dass alle Geschäftsvorfälle aus der Datei, die vom Kreditinstitut übermittelt wurden, richtig gebucht werden.[203] Die Kontoauszugsinformationen werden bisher von den Kreditinstituten i.d.R. im Format SWIFT MT940 oder im MultiCash-Format bereitgestellt. Im SWIFT-Format können die zusätzlichen SEPA-Informationen nur begrenzt aufgenommen werden. Um eine STP-fähige Verarbeitung der XML-basierten

---

[197] Vgl. Bank-Verlag GmbH (2012), S. 9.

[198] Vgl. Weiss, J. (2009), S. 226f.

[199] Vgl. Forsthuber, H., Siebert, J. (2010), S. 361f.

[200] Vgl. http://www.bundesbank.de/Redaktion/DE/Downloads/Kerngeschaeftsfelder/Unbarer_ Zahlungsverkehr/Bankleitzahlen/merkblatt_bankleitzahlendatei.pdf?__blob=publicationFile, Stand 23.08.2012.

[201] Vgl. http://service.sap.com/, Stand 23.08.2012.

[202] Vgl. Weiss, J. (2009), S. 224.

[203] Vgl. Munzel, M., Munzel, R. (2009), S. 395.

SEPA-Zahlungsaufträge umsetzen zu können, wurden im DFÜ-Abkommen auf ISO 20022 basierende Cash-Management-Nachrichten (camt) für Umsatz- und Saldeninformationen definiert. Mittels dieser camt-Nachrichten können die Kontoinformationen strukturierter und wesentlich umfangreicher zur Verfügung gestellt werden.[204] Im deutschen Begleitgesetz für den Übergangszeitraum bis zum 1. Februar 2016 ist geregelt, dass die elektronischen Kontoauszüge in den bisherigen Formaten MT940 oder auch MultiCash ausgeliefert werden können. Der MultiCash-Kontoauszug besteht aus zwei Dateien: AUSZUG.TXT und UMSATZ.TXT. Die Datei AUSZUG.TXT enthält die Kopfinformationen der Kontoauszüge und die Datei UMSATZ.TXT die Umsatzinformationen. Mit diesem Format können mehrere Kontoauszüge, auch von unterschiedlichen Kreditinstituten, gleichzeitig eingelesen werden.[205] Der Bankkunde hat jedoch ein Anrecht darauf, den Kontoauszug im camt-Format zu erhalten.[206] Der neue XML-basierte Tagesendauszug camt.053 basiert auf der ISO 20022 Nachricht BankToCustomerStatement.

Die camt.053-Nachricht entspricht den bisherigen Nachrichten MT940 und MT950. Sie informiert über gebuchte Umsätze auf den betreffenden Konten. Der camt.053 beinhaltet die gebuchten Umsätze, Details zu den jeweiligen Buchungen sowie die Saldenmitteilungen der Konten. Die camt.052-Nachricht entspricht der bisherigen MT941/942 Nachricht. Der MT941 beinhaltet den Saldenreport sowie den untertägigen Umsatz. Dazu gehören Belastungen und Gutschriften der entsprechenden Konten. Ferner enthält die camt.052-Nachricht Details der einzelnen Transaktionen auf den Konten. Die camt.054-Nachricht entspricht dem bisherigen MT900/910 oder auch der DTI-Datei und informiert über ausstehende und gebuchte Umsätze sowie zu deren Details (siehe Tabelle 2).[207]

---

[204] Vgl. Barth, M. (2012), S. 16.

[205] Vgl. http://help.sap.com/saphelp_erp60_sp/helpdata/de, Stand 08.08.2012.

[206] Vgl. van den Berg, H. R. (2012), S. 34.

[207] Vgl. http://www.camt.eu, Stand 23.08.2012.

| camt-Nachricht | SWIFT-Nachricht | Anwendung |
|---|---|---|
| camt.052 | MT941 | Saldenreport |
| | MT942 | Untertägige Umsatzmitteilung |
| camt.053 | MT940 | Tagesendauszug |
| | MT950 | Interbankauszug |
| camt.054 | DTI (DTAUS-Info-Datei) | Sammelbuchungsdatei |
| | MT900 | Soll-Avis |
| | MT910 | Haben-Avis |

Tabelle 2: Elektronische Kontoauszüge im camt- und SWIFT-Format,
In Anlehnung an: Barth, M. (2012): BITKOM SEPA-Leitfaden, S. 17.

Obwohl die bisherigen SWIFT-Strukturen bei elektronischen Kontoauszügen und Vormerkposten im MT940 und MT942 unverändert bestehen bleiben, haben sich die Felder 61 und 86 im SWIFT-Format geändert.[208] Außerdem bringt SEPA neue Geschäftsvorfallcodes (GVC) mit sich.[209] Der GVC definiert alle aus der Bankbuchung resultierenden Geschäftsvorfälle in Form eines einheitlichen dreistelligen Schlüssels, bei dem an der ersten Stelle die Geschäftssparte und an den anderen beiden Stellen die Geschäftsvorfallart steht.[210] Die bisherige Geschäftssparte 1 (IZV) wird durch SEPA-ZV ersetzt und es werden neue Geschäftsvorfallarten eingeführt (siehe Tabelle zu den SEPA-GVCs im Anhang 10). Die GVCs werden im SAP-System in interne Buchungsregeln umgesetzt, die bestimmte Buchungsvorgänge auslösen, z.B. Buchung von Geldeingängen im Soll mit der Belegart Debitorenzahlung.[211] [212] Die Pflege der GVCs muss in der IMG-Systemkonfiguration (mit der Transaktion SPRO unter Finanzwesen → Bankbuchhaltung → Geschäftsvorfälle → Zahlungsverkehr → Elektronischer Kontoauszug) vorgenommen werden.

---

[208] Vgl. UniCredit Bank AG (2012b), S. 26.
[209] Vgl. IT-Novum Whitepaper (2012), S. 16.
[210] Vgl. ZKA (2010), S. 468f.
[211] Vgl. Weiss, J. (2009), S. 208ff.
[212] Vgl. Munzel, M., Munzel, R. (2009), S. 397.

SAP unterstützt inzwischen auch den Tagesendauszug im Format camt.053. Die notwendigen Anpassungen im SAP-System sind im Bedarfsfall durch OSS-Hinweis 1686264 zu implementieren.[213] In der Transaktion FF.5 bzw. dem Programm RFEBKA00 (siehe Anhang 11 zum Einlesen Elektronischer Kontoauszug) steht dann das Format X (XML-und bankspezifische Formate) für das Einlesen solcher Kontoauszugsdateien zur Verfügung.[214] Bei der Auswahl dieses Formates erscheint ein weiteres Dropdown-Feld, in dem das konkrete Format ausgewählt werden kann, z.B. camt053. Die zur Auswahl stehenden Formate werden im View VFIEB_MAPP_XCTRL gepflegt. Die Lösung basiert auf XSL-Transformation (XSLT) und dem Erweiterungsspot ES_FIEB_MAPPING_X (neuer BAdI). Diese können einzeln oder in Kombination verwendet werden, wobei die XSLT immer zuerst aufgerufen wird.[215] [216] BAdIs sind auf ABAP Objects basierende User-Erweiterungen und dienen dazu, vordefinierte Erweiterungsoptionen in den SAP-Komponenten anzulegen, welche dann von den einzelnen Industrielösungen, Ländervarianten oder auch von Partnern und Kunden geeignet implementiert werden können.[217] [218] Der Report RFEBKA00 liest die Kontoauszüge in das SAP-System ein und erzeugt anschließend Batch-Input-Mappen für die Verbuchung in der Haupt- und in der Nebenbuchhaltung.[219] Bei Zahlungseingängen können die Verwendungszweckzeilen des Kontoauszugs mittels Angabe des Selektionsfelds BELNR oder XBLNR wahlweise nach Belegnummern bzw. Referenzbelegnummern durchsucht werden. Dadurch wird die relevante Information für das Ausgleichen von Debitorenzahlungen gewonnen. Ferner prüft der Report, ob die von der Bank verwendeten GVCs im Rahmen der Systemeinstellung einem "Internen Vorgang" zugeordnet wurden. Dies ist erforderlich, weil die Verbuchung auf den Haupt- und Nebenbuchkonten über Buchungsregeln erfolgt, die zu einem internen Vorgang hinterlegt sind. Falls der Report auf einen externen Vorgang stößt, der in der entsprechenden Tabelle nicht gepflegt ist, bricht er nach dem vollständigen Einlesen des Kontoauszugs ab und gibt eine Liste mit den fehlenden Einträgen aus. Die

---

[213] Vgl. http://service.sap.com/, Stand 23.08.2012.

[214] Vgl. Munzel, M., Munzel, R. (2009), S. 399f.

[215] Vgl. http://service.sap.com/, Stand 23.08.2012.

[216] Vgl. Englbrecht, M., Wegelin, M. (2009), S. 373.

[217] Vgl. http://help.sap.com/saphelp_erp60_sp/helpdata/de, Stand 08.08.2012.

[218] Vgl. Englbrecht, M., Wegelin, M. (2009), S. 127.

[219] Vgl. Forsthuber, H., Siebert, J. (2010), S. 386.

fehlenden Einträge müssen nachgepflegt werden, damit die Verbuchungstransaktionen in die entsprechenden Mappen erzeugt werden können. Anschließend muss der Report neu gestartet werden. Das Buchungsprotokoll gibt getrennt nach Buchungsbereich Auskunft über alle in die Batch-Input-Mappe eingestellten Buchungen. Außerdem werden die externen GVCs und die die Verbuchung steuernden internen Vorgänge aufgelistet. Der Verarbeitungsstatistik kann entnommen werden, wie viele Buchungen pro Mappe erzeugt wurden oder aufgrund eines Fehlers nicht erzeugt werden konnten und für wie viele Einzelposten per Definition keine Buchungen erzeugt werden konnten.[220] [221] Um das Einlesen eines Kontoauszuges ohne Unterbrechung bei einem nicht vorhandenen GVC zu gewährleisten, gibt es zusätzlich den allgemeinen externen Vorgang „UNALLOCATED". Bei diesem GVC findet eine Dummy-Buchung auf ein vorher mittels Buchungsregel definiertes Verrechnungskonto statt. Diese technische Lösung hilft temporär, führt allerdings zu Mehrarbeit, indem das Verrechnungskonto zu einem späteren Zeitpunkt wieder leergeräumt werden muss.[222]

Die SEPA-Rückgabegründe werden mittels der GVC vermerkt, um den anstehenden Folgeprozess in der Buchhaltung besser strukturieren zu können. Die Zusatzinformation wird über Verwendungszweckangaben im Feld 86 geliefert. Innerhalb des Verwendungszweck-Feldes können Banken im Kontoauszug optional spezielle Feldbezeichnungen in einer definierten Reihenfolge mitgeben.[223] Die strukturierte Belegung des Feldes 86 ist freigestellt. Wird jedoch die strukturierte Belegung des Feldes 86 genutzt, so dürfen ausschließlich die vom ZKA definierten GVCs eingestellt werden.[224] Die Kontoabstimmung soll durch die Homogenisierung und die beschriebenen Erweiterungen der Datenfelder verbessert werden.[225]

SAP unterstützt im neuesten Release mit EHP6 den automatisierten Import von Elektronischen Kontoauszügen durch das Programm FEB_FILE_HANDLING. Dieser Report kann MT940- und XML-Formate verarbeiten und ermöglicht eine automatisierte Batch-Steuerung. Der Report liest die Kontoauszugsdateien aus den

[220] Vgl. http://help.sap.com/saphelp_erp60_sp/helpdata/de, Stand 08.08.2012.
[221] Vgl. Forsthuber, H., Siebert, J. (2010), S. 387ff.
[222] Vgl. Wild, C., Siebert, J. (2012), S. 129f.
[223] Vgl. Weiss, J. (2009), S. 211ff.
[224] Vgl. ZKA (2010), S. 465f.
[225] Vgl. Muthig, J. (2012), S. 18.

Verzeichnissen des Applikationsservers und kann daher regelmäßig im Hintergrund eingeplant werden. Entsprechend der Einstellungen im Customizing verarbeitet das System die eingelesenen Kontoauszüge bzw. leitet sie weiter.[226] [227]

---

[226] Vgl. Wild, C., Siebert, J. (2012), S. 131ff.

[227] Vgl. http://service.sap.com/, Stand 23.08.2012.

## 8. Zusammenfassung

Die Umsetzung der SEPA eröffnet Unternehmen und Banken neue strategische Handlungsmöglichkeiten, die zu einer Ausweitung der Geschäftstätigkeit und einer Optimierung von Geschäftsprozessen führen können. Allerdings ist der Umsetzungsaufwand der komplexen SEPA-Anforderungen für die Banken und Unternehmen erheblich. Die SEPA erfordert neue zu implementierende Standards und Zahlungsinstrumente sowie Innovationen, deren Umsetzung hohe Fixkosten mit sich bringen. Diese theoretischen Grundlagen der SEPA-Initiative fanden in dieser Arbeit ihre praktische Umsetzung am Beispiel der Implementierung im SAP-System.

Zu den notwendigen Maßnahmen einer SEPA-Realisierung im SAP-System gehören neben der Umstellung der Debitoren- und Kreditorenstammdaten die Pflege des Bankenstammes hinsichtlich IBAN und BIC sowie die Verwendung geeigneter Zahlwege, die die richtige Erstellung der SEPA-Zahlungsträger ermöglichen. Ferner sind ggf. Mandate für das SDD-Verfahren im SAP-System zu verwalten und Anpassungen in der Kontoauszugsverarbeitung erforderlich. Mit der DMEE und der PMW werden von SAP zwei Tools ausgeliefert, deren Funktionalitäten exakt den SEPA-Anforderungen angepasst sind. Die Erstellung der SEPA-Zahlungsdateien und der Einsatz in den Zahllauf ermöglichen eine flexible Steuerung der Datenträger. Die ISO 20022-basierten SEPA-Formate können im SAP bei etwaigen Änderungen in den EPC-Regelwerken relativ schnell angepasst und effizient in notwendige länderspezifische Vorgaben integriert werden. Durch die standardisierten Formate wird ein STP von Zahlungsaufträgen und Kontoauszügen in den ERP-Systemen ermöglicht. Auch im Hinblick auf die verkürzten Ausführungsfristen beim SCT und bei der SDD gemäß der PSD ist eine vollautomatisierte Abwicklung unabdingbar.

Die Fortentwicklung des europäischen Zahlungsverkehrs endet nicht mit der Einführung der einheitlichen Zahlungsinstrumente SCT, SDD und SCF. Diese bilden die Grundidee für neue, innovative Mehrwertdienste (Value Added Services, VAS) mithilfe moderner Informations- und Kommunikationstechnologie. Der EPC und die EZB haben bereits die Vision einer e-SEPA entwickelt, in der alle Zahlungsprozesse vollständig elektronisch abgewickelt werden.[228] So soll das EPC-Rahmenwerk für e-Payments es zukünftig ermöglichen, europaweit Einkäufe im Internet ad-hoc unter Nutzung des Onlinebanking und mit Hilfe einer SCT bezahlen zu können. Auch im Bereich der m-Payments befinden sich kontaktlose Bezahlverfahren unter Nutzung von Funkübertragung auf kurze Distanzen (Near Field Communication, NFC) bereits in der Umsetzung. Außerdem wird durch die Europäische Kommission die Nutzung der elektronischen Rechnungsstellung (e-invoicing) vorangetrieben.[229]

---

[228] Vgl. http://www.bundesbank.de/Navigation/DE/Kerngeschaeftsfelder/Unbarer_Zahlungsverkehr/SEPA/sepa.html, Stand 02.08.2012.

[229] Vgl. http://www.bundesbank.de/Navigation/DE/Kerngeschaeftsfelder/Unbarer_Zahlungsverkehr/SEPA/sepa.html, Stand 02.08.2012.

# Literaturverzeichnis

**Bank-Verlag GmbH (2012):** IBAN-Service-Portal: Benutzerhandbuch, Version 1.16, Köln 2012


**Barth, M. (2012):** BITKOM SEPA-Leitfaden, Berlin 2012


**Braun, D. (2012):** SEPA steht vor der Tür – aber was für Unternehmen wirklich zählt, ist SEPA+, in: Banking and Information Technology, Mai 2012, Band 12, Heft 1, S. 43-46


**Bundesverband deutscher Banken e. V. (2012):** Bargeldlos bezahlen, Berlin 2012


**Bundesverband Öffentlicher Banken Deutschlands (2007):** Single Euro Payments Area (SEPA): Europa grenzenlos, Berlin 2007


**Bundesverband Öffentlicher Banken Deutschlands (2012a):** SEPA-Verordnung am 30. März 2012 in Kraft getreten. URL: http://www.voeb.de/de/themen/zahlungsverkehr/verabschiedung_sepa_verordnung , Abruf am 27.07.2012


**Bundesverband Öffentlicher Banken Deutschlands (2012b):** VÖB-Aktuell September 2012. URL: http://www.voeb.de/download/newsletter_aktuell_03-12.pdf, Abruf am 03.09.2012


**Camt.eu (2012):** Cash Management Nachrichten. URL: http://www.camt.eu, Abruf am 23.08.2012

**Deutsche Bundesbank (2012a):** Informationsveranstaltung Zahlungsverkehr und Kontoführung für Kreditinstitute, Juni 2012. URL: http://www.bundesbank.de/Redaktion/DE/Downloads/Kerngeschaeftsfelder/Unbare r_Zahlungsverkehr/informationsveranstaltung_zahlungsverkehr_und_kontofuehrun g_fuer_kreditinstitute_juni_2012.pdf, Abruf am 29.07.2012

**Deutsche Bundesbank (2012b):** Über SEPA. URL: http://www.sepadeutschland.de/de/ueber-sepa, Abruf am 29.07.2012

**Deutsche Bundesbank (2012c):** Unbarer Zahlungsverkehr: SEPA. URL: http://www.bundesbank.de/Navigation/DE/Kerngeschaeftsfelder/Unbarer_Zahlungs verkehr/SEPA/sepa.html, Abruf am 29.07.2012

**Deutsche Bundesbank (2012d):** Merkblatt Bankleitzahlendatei. URL: http://www.bundesbank.de/Redaktion/DE/Downloads/Kerngeschaeftsfelder/ Unba- rer_Zahlungsverkehr/Bankleitzahlen/merkblatt_bankleitzahlendatei.pdf?__blob=pu blicationFile, Abruf am 29.07.2012

**Deutsche Kreditwirtschaft (2012a):** Beispiel-Formulare für das SEPA-Lastschriftmandat und das Kombimandat sowie Beispielschreiben zur Umstellung auf das SEPA-Basis-Lastschriftverfahren. URL: http://www.die-deutsche-kreditwirt schaft.de/uploads/media/120720_DK_Beispiele_Muster_SEPA_Lastschriftmandat-SDD_Basis-Core_09072012.pdf, Abruf am 16.08.2012

**Deutsche Kreditwirtschaft (2012b):** Inhalte der SEPA. URL: http://www.die-deutsche-kreditwirtschaft.de/dk/zahlungsverkehr/sepa/inhalte-der-sepa.html, Abruf am 01.09.2012

**Dippel, R., Lohmann, M., Peschke, N. (2008):** SEPA, Köln 2008

**Dittrich, A., Egner, T. (2012):** Trends im Zahlungsverkehr, Köln 2012

**Englbrecht, M., Wegelin, M. (2009):** SAP-Schnittstellenprogrammierung, Bonn 2009

**European Committee for Banking Standards (2012a):** Germany Bank Account Number. URL: http://www.ecbs.org/iban/germany-bank-account-number.html, Abruf am 29.07.2012

**European Committee for Banking Standards (2012b):** International Bank Account Number (IBAN). URL: http://www.ecbs.org/iban.htm, Abruf am 29.07.2012

**European Payments Council (2011a):** SEPA Credit Transfer Rulebook Version 5.1. URL: http://www.europeanpaymentscouncil.eu/knowledge_bank_download. cfm?file=EPC125-05 SCT RB v5.1 Approved.pdf, Abruf am 29.06.2012

**European Payments Council (2011b):** SEPA Core Direct Debit Rulebook Version 5.1. URL: http://www.europeanpaymentscouncil.eu/knowledge_bank_download. cfm?file=EPC016-06 Core SDD RB V5.1 Approved.pdf, Abruf am 29.06.2012

**European Payments Council (2011c):** SEPA Business to Business Direct Debit Rulebook Version 3.1. URL: http://www.europeanpaymentscouncil.eu/knowledge_ bank_download.cfm?file=EPC222-07 SDD B2B RB v3.1 Approved.pdf, Abruf am 29.06.2012

**EU-Verordnung (2012):** Nr. 260/2012 des Europäischen Parlaments und des Rates vom 14. März 2012 zur Festlegung der technischen Vorschriften und der Geschäftsanforderungen für Überweisungen und Lastschriften in Euro und zur Änderung der Verordnung (EG) Nr. 924/2009

**Forsthuber, H., Siebert, J. (2010):** Praxishandbuch SAP-Finanzwesen, 4. Aufl., Bonn, Boston 2010

**Gabler Verlag (2012):** Gabler Wirtschaftslexikon, Stichwort: STP. URL: http://wirtschaftslexikon.gabler.de/Archiv/7680/stp-v5.html, Abruf am 26.08.2012

**Gesamtverband der Deutschen Versicherungswirtschaft e. V. (2011):** SEPA Betriebstechnische Hinweise, Anforderungen und Fragestellungen, Band 36 der Schriftenreihe Betriebswirtschaft und Informationstechnologie des GDV, Berlin 2011

**Grill, W., Perczynski, H. (2012):** Wirtschaftslehre des Kreditwesens, 46. Aufl., Köln 2012

**Habersack, M., Mülbert, P. O., Nobbe, G. (2010):** Die zivilrechtliche Umsetzung der Zahlungsdiensterichtlinie: Finanzmarktkrise und Umsetzung der Verbraucher-kreditrichtlinie. Bankrechtstag 2009, Band 30 der Schriftenreihe der Bankrechtlichen Vereinigung, Berlin, New York 2010

**ibi research an der Universität Regensburg GmbH (2009):** Electronic Banking 2009: Trends und zukünftige Anforderungen im Firmenkundengeschäft, Firmenkundenbefragung, Regensburg 2009

**IT-Novum Whitepaper (2012):** Whitepaper der IT-Novum GmBH: SEPA-Umstellung mit SAP, Fulda 2012

**Lammer, T. (2006):** Handbuch E-Money, E-Payment & M-Payment, Heidelberg 2006

**Munzel, M., Munzel, R. (2009):** SAP-Finanzwesen - Customizing, Bonn 2009

**Muthig, J. (2012):** Die Biolande GmbH kauft und verkauft Waren in Europa, in: Bankfachklasse 2012, Jg. 34, Nr. 1-2/2012, S. 8-19

**SAP Help Portal (2012):** SAP-Bibliothek.

URL: http://help.sap.com/saphelp_erp60_sp/helpdata/de, Abruf am 27.07.2012


**SAP Service Marketplace (2012):** SAP Support Portal - Hinweise. URL: http://service.sap.com/, Abruf am 27.07.2012


**SEPA-Now (2012):** SEPA-Now.de - Portal für SAP-Anwender. URL: http://www.sepa-now.de/services/services.html, Abruf am 01.08.2012


**Sparkasse Dortmund (2012a):** SEPA-Länderliste. URL: https://www.sparkasse-dortmund.de/pdf/content/sepa/laender.pdf, Abruf am 29.07.2012


**Sparkasse Dortmund (2012b):** Europaweit bargeldlos in Euro bezahlen. URL: https://www.sparkasse-dortmund.de/firmenkunden/internationales_geschaeft/sepa/datenformat/index.php, Abruf am 29.07.2012


**Sparkasse Dortmund (2012c):** Ermittlung von IBAN und BIC anhand von Kontonummer und Bankleitzahl in der Sparkassen-Finanzgruppe. URL: https://www.sparkasse-dortmund.de/firmenkunden/internationales_geschaeft/sepa/datenformat/index.php, Abruf am 01.08.2012


**Toussaint, G. (2009):** Das Recht des Zahlungsverkehrs im Überblick, Berlin 2009


**UniCredit Bank AG (2012a):** Kundeninformation SEPA, München 2012


**UniCredit Bank AG (2012b):** Anlage zur SEPA-Kundeninformation: Technische Spezifikationen und Formate, München 2012

**UniCredit Bank AG (2012c):** HVB SEPA - IBAN / BIC. URL: http://www.hypovereinsbank.de/portal?view=/privatkunden/242274.jsp, Abruf am 01.08.2012

**van den Berg, H. R. (2012a):** 1.2.2014: Das DTA-Lastschriftverfahren wird durch das SEPA-Verfahren abgelöst, in: Banking and Information Technology, Mai 2012, Band 12, Heft 1, S. 34-42

**van den Berg, H. R. (2012b):** Kreditor-ID. URL: http://www.vdb.de/kreditor-id.aspx, Abruf am 02.08.2012

**van den Berg, H. R. (2012c):** Das SCT-Verfahren. URL: http://www.vdb.de/sct---das-verfahren.aspx, Abruf am 02.08.2012

**Weiss, J. (2009):** SEPA-Umstellung mit SAP, 2. Aufl., Bonn 2009

**WestLB (2012):** Was bedeutet SEPA für Unternehmen? URL: http://www.westlb.de/cms/sitecontent/westlb/westlb_de/de/ul/ts/zahlungsverkehr_/sepa_/was_bedeutet_sepa.html, Abruf am 01.06.2012

**Wild, C., Siebert, J. (2012):** SEPA und SAP, Gleichen 2012

**ZKA (2010):** Anlage 3 der Schnittstellenspezifikation für die Datenfernübertragung zwischen Kunde und Kreditinstitut gemäß DFÜ-Abkommen: Spezifikation der Datenformate, Version 2.5 vom 10.06.2010, gültig ab 1. November 2010, Berlin 2010

# Anhang

## Anhang 1: Übersicht der SEPA-Teilnehmerländer

**Europäische Union:**
27 Staaten
■ Euro
░ Nicht-Euro

**EPC:**
(European Payments Council)
27 EU-Staaten
  3 EWR-Staaten
  (Island, Norwegen, Liechtenstein)
  + Schweiz
  + Monaco

| Land | Währung[1] | ISO-Code | IBAN-Länge |
|------|-----------|----------|------------|
| Belgien | Euro | EUR | BE | 16 Stellen |
| Bulgarien | Bulgarischer Lew | BGN | BG | 22 Stellen |
| Dänemark | Dänische Krone | DKK | DK | 18 Stellen |
| Deutschland | Euro | EUR | DE | 22 Stellen |
| Estland | Euro | EUR | EE | 20 Stellen |
| Finnland | Euro | EUR | FI | 18 Stellen |
| Frankreich | Euro | EUR | FR | 27 Stellen |
| Griechenland | Euro | EUR | GR | 27 Stellen |
| Großbritannien | Britisches Pfund Sterling | GBP | GB | 22 Stellen |
| Irland | Euro | EUR | IE | 22 Stellen |
| Island | Isländische Krone | ISK | IS | 26 Stellen |
| Italien | Euro | EUR | IT | 27 Stellen |
| Lettland | Lettischer Lats | LVL | LV | 21 Stellen |
| Liechtenstein | Schweizer Franken | CHF | LI | 21 Stellen |
| Litauen | Litauischer Litas | LTL | LT | 20 Stellen |
| Luxemburg | Euro | EUR | LU | 20 Stellen |
| Malta | Euro | EUR | MT | 31 Stellen |
| Monaco | Euro | EUR | MC | 27 Stellen |
| Niederlande | Euro | EUR | NL | 18 Stellen |
| Norwegen | Norwegische Krone | NOK | NO | 15 Stellen |
| Österreich | Euro | EUR | AT | 20 Stellen |
| Polen | Polnischer Zloty | PLN | PL | 28 Stellen |
| Portugal | Euro | EUR | PT | 25 Stellen |
| Rumänien | Neuer Rumänischer Leu | RON | RO | 24 Stellen |
| Schweden | Schwedische Krone | SEK | SE | 24 Stellen |
| Schweiz | Schweizer Franken | CHF | CH | 21 Stellen |
| Slowakei | Euro | EUR | SK | 24 Stellen |
| Slowenien | Euro | EUR | SI | 19 Stellen |
| Spanien | Euro | EUR | ES | 24 Stellen |
| Tschechische Republik | Tschechische Krone | CZK | CZ | 24 Stellen |
| Ungarn | Ungarischer Forint | HUF | HU | 28 Stellen |
| Zypern | Euro | EUR | CY | 28 Stellen |

Abbildung 20: SEPA-Teilnehmerländer

In Anlehnung an: https://www.sparkasse-dortmund.de/pdf/content/sepa/laender.pdf, Stand 29.07.2012.

## Anhang 2: SEPA-Mandat

MUSTER GMBH, ROSENWEG 2, 00000 IRGENDWO

Gläubiger-Identifikationsnummer DE99ZZZ05678901234
Mandatsreferenz 987543CB2

**SEPA-Lastschriftmandat**

Ich ermächtige die Muster GmbH, Zahlungen von meinem Konto mittels Lastschrift einzuziehen. Zugleich weise ich mein Kreditinstitut an, die von der Muster GmbH auf mein Konto gezogenen Lastschriften einzulösen.

Hinweis: Ich kann innerhalb von acht Wochen, beginnend mit dem Belastungsdatum, die Erstattung des belasteten Betrages verlangen. Es gelten dabei die mit meinem Kreditinstitut vereinbarten Bedingungen.

_____
Vorname und Name (Kontoinhaber)

_____
Straße und Hausnummer

_____
Postleitzahl und Ort

_____ _ _ _ _ _ _ _ _ | _ _ _
Kreditinstitut (Name und BIC)

D E _ _ | _ _ _ _ | _ _ _ _ | _ _ _ _ | _ _ _ _ | _ _
IBAN

_____
Datum, Ort und Unterschrift

Abbildung 21: SEPA-Lastschriftmandat als separates Formular,

Standardfall einer wiederkehrenden Lastschrift

Quelle: Entnommen aus: http://www.die-deutsche-kreditwirtschaft.de/uploads/media/120720_ DK_Beispiele_ Muster_SEPA_Lastschriftmandat-SDD_Basis-Core_09072012.pdf.

## Anhang 3: SEPA-Kombimandat

MUSTER GMBH, ROSENWEG 2, 00000 IRGENDWO

Gläubiger-Identifikationsnummer DE99ZZZ05678901234
Mandatsreferenz 543445

VERTRAG

*Lorem ipsum dolor sit amet, consectetur adipisici elit, sed eiusmod tempor incidunt ut labore et dolore. Ut enim ad minim veniam.*

_____
Vorname und Name (Kontoinhaber)

_____
Straße und Hausnummer

_____
Postleitzahl und Ort

_____
Datum, Ort und Unterschrift

**Erteilung einer Einzugsermächtigung und eines SEPA-Lastschriftmandats**

**1. Einzugsermächtigung**
Ich ermächtige die Muster GmbH widerruflich, die von mir zu entrichten-den Zahlungen bei Fälligkeit durch Lastschrift von meinem Konto einzuziehen.

**2. SEPA-Lastschriftmandat**
Ich ermächtige die Muster GmbH, Zahlungen von meinem Konto mittels Lastschrift einzuziehen. Zugleich weise ich mein Kreditinstitut an, die von der Muster GmbH auf mein Konto gezogenen Lastschriften einzulösen.

Hinweis: Ich kann innerhalb von acht Wochen, beginnend mit dem Belastungsdatum, die Erstattung des belasteten Betrages verlangen. Es gelten dabei die mit meinem Kreditinstitut vereinbarten Bedingungen.

_____  _ _ _ _ _ _ _ _ | _ _ _
Kreditinstitut (Name und BIC)

IBAN: D E _ _ | _ _ _ _ | _ _ _ _ | _ _ _ _ | _ _ _ _ | _ _

_____
Datum, Ort und Unterschrift

Vor dem ersten Einzug einer SEPA-Basis-Lastschrift wird mich die Muster GmbH über den Einzug in dieser Verfahrensart unterrichten.

Abbildung 22: SEPA-Kombimandat als Bestandteil eines Vertrages

Quelle: Entnommen aus: http://www.die-deutsche-kreditwirtschaft.de/uploads/media/120720_
DK_Beispiele_Muster_SEPA_Lastschriftmandat-SDD_Basis-Core_09072012.pdf.

## Anhang 4: Firmenkunden-Befragung zu den SEPA-Herausforderungen

### Welches sind aus Ihrer Sicht die drei größten Herausforderungen bei der Vorbereitung auf SEPA?[230]

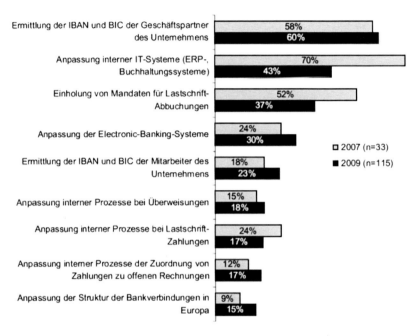

Abbildung 23: SEPA-Herausforderungen

Quelle: Entnommen aus: ibi research an der Universität Regensburg GmbH (2009): Electronic Banking 2009: Trends und zukünftige Anforderungen im Firmenkundengeschäft, Firmenkundenbefragung, S. 59.

---

[230] Vgl. ibi research an der Universität Regensburg GmbH (2009), S. 59.

## Anhang 5: Aufbau des DMEE-Formatbaums für SEPA_CT

| XML-Feld | Tag | SAP-Quellstruktur | SAP-Quellfeld |
|---|---|---|---|
| **Groupheader** | **\<GrpHdr>** | | |
| MessageIdentification | \<MsgId> | FRAYHX | RENUM |
| CreationDateTime | \<CreDtTm> | SYST | DATLO und TIMLO |
| NumberOfTransactions | \<NbOfTxs> | Häufigkeit von \<CdtTrfTxInf> | |
| ControlSum | \<CtrlSum> | Summe von \<InstdAmt> | |
| Grouping | \<Grpg> | Konstante | MIXD |
| InitiatingParty | \<InitgPty> | | |
| Name | \<Nm> | FRAYHX | NAMEZ |
| **PaymentInformation** | **\<PmtInf>** | | |
| PaymentInformationID | \<PmtInfId> | Funktions-baustein | DMEE_EXIT_SEPA_21 |
| PaymentMethod | \<PmtMtd> | Konstante | TRF |
| PaymentTypeInformation | \<PmtTpInf> | | |
| ServiceLevel | \<SvcLvl> | | |
| Code | \<Cd> | Konstante | SEPA |
| RequestedExecutionDate | \<ReqdExctnDt> | FRAYH | AUSFD |
| Debtor | \<Dbtr> | | |
| Name | \<Nm> | FRAYHX | NAMEZ |
| PostalAddress | \<PstlAdr> | | |
| AddressLine | \<AdrLine> | FRAYHX | ORT1Z |
| Country | \<Ctry> | FRAYHX | LAND1 |
| DebtorAccount | \<DbtrAcct> | | |
| Identification | \<Id> | | |
| IBAN | \<IBAN> | FRAYHX | UIBAN |
| DebtorAgent | \<DbtrAgt> | | |

| | | | |
|---|---|---|---|
| FinancialInstitution-Identification | <FinInstnId> | | |
| BIC | <BIC> | FRAYHX | USWIF |
| ChargeBearer | <ChrgBr> | Konstante | SLEV |
| **CreditTransferTransaction-Information** | **<CdtTrfTxInf>** | | |
| PaymentIdentification | <PmtId> | | |
| InstructionIdentification | <InstrId> | FRAYH | DOC1T-DOC1R (setzt sich aus drei Abbildungsknoten zusammen: Feld FRAYH-DOC1T, Konstante »-« und Feld FRAYH-DOC1R) |
| EndToEndIdentification | <EndToEndId> | DMEE_PAYD | TEXT (2) Referenz &FRAYH-DOC1R+4(10) & oder Konstante NOT-PROVIDED |
| Amount | <Amt> | | |
| InstructedAmount | <InstdAmt> | FRAYH | RWBTR mit Währungsattribut FRAYHX-WAERS |
| UltimateDebtor | <UltmtDbtr> | | |
| Name | <Nm> | FRAYP | BNAME (Bedingung: FRAYP-BNAME ist ungleich FRAYHX-NAMEZ) |
| CreditorAgent | <CdtrAgt> | | |
| FinancialInstitution-Identification | <FinInstnId> | | |
| BIC | <BIC> | FRAYHX | ZSWIF |
| Creditor | <Cdtr> | | |

| Name | <Nm> | FRAYH | KOINH (wenn leer: ZNME1) |
|---|---|---|---|
| PostalAddress | <PstlAdr> | | |
| AddressLine | <AdrLine> | FRAYHX | ZPFST |
| AddressLine | <AdrLine> | FRAYHX | ZPLOR |
| Country | <Ctry> | FRAYHX | ZLISO |
| CreditorAccount | <CdtryAcct> | | |
| Identification | <Id> | | |
| IBAN | <IBAN> | FRAYHX | ZIBAN |
| UltimateCreditor | <UltmtCdtr> | | |
| Name | <Nm> | FRAYP | NAME1 |
| RemittanceInformation | <RmtInf> | | |
| Unstructured | <Ustrd> | DMEE_ | TEXT (3) |
| | | PAYD | TEXT (1) |
| | | DMEE_ | TEXT (1) |
| | | PAYD | TEXT (1) |
| | | DMEE_ | TEXT (1) |
| | | PAYD | Befüllungsregeln siehe oben im Abschnitt »Texttypen« |
| | | DMEE_ | |
| | | PAYD DMEE_ | |
| | | PAYD | |

Tabelle 3 Aufbau des DMEE-Formatbaums für SEPA_CT

Quelle: Entnommen aus: Weiss, J. (2009): SEPA-Umstellung mit SAP, S. 197ff.

## Anhang 6: Aufbau des DMEE-Formatbaums für SEPA_DD

| XML-Feld | Tag | SAP-Quellstruktur | SAP-Quellfeld |
|---|---|---|---|
| **Groupheader** | **<GrpHdr>** | | |
| MessageIdentification | <MsgId> | FRAYHX | RENUM |
| CreationDateTime | <CreDtTm> | SYST | DATLO und TIMLO |
| NumberOfTransactions | <NbOfTxs> | Häufigkeit von <CdtTrfTxInf> | |
| ControlSum | <CtrlSum> | Summe von <InstdAmt> | |
| Grouping | <Grpg> | Konstante | MIXD |
| InitiatingParty | <InitgPty> | | |
| Name | <Nm> | FRAYHX | NAMEZ |
| PostalAddress | <PstlAdr> | | |
| AddressLine | <AdrLine> | FRAYHX | ORT1Z |
| Country | <Ctry> | FRAYHX | LAND1 |
| **PaymentInformation** | **<PmtInf>** | | |
| PaymentMethod | <PmtMtd> | Konstante | TRF |
| PaymentTypeInformation | <PmtTpInf> | | |
| ServiceLevel | <SvcLvl> | | |
| Code | <Cd> | Konstante | SEPA |
| SequenceType | <SeqTp> | FRAYHX | SEQ_TYPE |
| RequestedCollectionDate | <ReqdColltnDt> | FRAYH | AUSFD |
| Creditor | <Cdtr> | | |
| Name | <Nm> | FRAYHX | NAMEZ |
| PostalAddress | <PstlAdr> | | |
| AddressLine | <AdrLine> | FRAYHX | ORT1Z |
| Country | <Ctry> | FRAYHX | LAND1 |
| CreditorAccount | <CdtrAcct> | | |

| Identification | <Id> | | |
|---|---|---|---|
| IBAN | <IBAN> | FRAYHX | UIBAN |
| CreditorAgent | <CdtrAgt> | | |
| FinancialInstitution-<br>Identification | <FinInstnId> | | |
| BIC | <BIC> | FRAYHX | USWIF |
| ChargeBearer | <ChrgBr> | Konstante | SLEV |
| **DirectDebitTransaction-<br>Information** | **<DrctDbtTxInf>** | | |
| PaymentIdentification | <PmtId> | | |
| InstructionIdentification | <InstrId> | | |
| EndToEndIdentification | <EndToEndId> | DMEE_PAYD | TEXT (2) Referenz<br>&FRAYH-<br>DOC1R+4(10) & oder<br>Konstante NOT-<br>PROVIDED |
| InstructedAmount | <InstdAmt> | FRAYH | RWBTR mit Währung-<br>sattribut FRAYHX-<br>WAERS |
| DirectDebitTransaction | <DrctDbtTx> | | |
| MandateRelated-<br>Information | <MndtRltdInf> | | |
| Mandate Identification | <MndtId> | FRAYHX | MNDID |
| Date of Signature | <DtOfSgntr> | FRAYHX | SIGN_DATE |
| AmendmentIndicator | <AmdmntInd> | Konstante | TRUE/FALSE (abhän-<br>gig von FRAYHX-<br>AMEND_IND) |
| AmendmentInformation-<br>Details | <AmdmntInd> | vorhanden, wenn AmdmntInd = TRUE | |
| OriginalMandate-<br>Identification | <OrgnlMndtId> | FRAYHX | ORIG_MNDID |

| | | | |
|---|---|---|---|
| OriginalCreditor-SchemeIdentification | \<OrgnlCdtrSchmeId\> | | |
| Identification | \<Id\> | | |
| Private Identification | \<PrvtId\> | | |
| Other Identification | \<OthrId\> | | |
| CreditorAccount | \<CdtryAcct\> | | |
| Identification | \<Id\> | FRAYHX | ORIG_REC_CRDID |
| Identification Type | \<IdTp\> | Konstante | SEPA |
| OriginalDebtorAccount | \<DbtrAcct\> | | |
| Identification | \<Id\> | | |
| IBAN | \<IBAN\> | FRAYHX | ORIG_IBAN |
| OriginalDebtorAgent | \<DbtrAgt\> | | |
| FinancialInstitution-Identification | \<FinInstnId\> | | |
| BIC | \<BIC\> | FRAYHX | ORIG_BIC |
| Creditor Scheme Identification | \<CdtrSchmeId\> | | |
| Identification | \<Id\> | | |
| Private Identification | \<PrvtId\> | | |
| Other Identification | \<OthrId\> | | |
| Identification | \<Id\> | FRAYHX | REC_CRDID |
| Identification Type | \<IdTp\> | Konstante | SEPA |
| DebtorAgent | \<DbtrAgt\> | | |
| FinancialInstitution-Identification | \<FinInstnId\> | | |
| BIC | \<BIC\> | FRAYHX | ZSWIF |
| Debtor | \<Dbtr\> | | |
| Name | \<Nm\> | FRAYH | KOINH (wenn leer: ZNME1) |

| | | | |
|---|---|---|---|
| PostalAddress | <PstlAdr> | | |
| AdressLine | <AdrLine> | FRAYHX | ZPFST |
| AdressLine | <AdrLine> | FRAYHX | ZPLOR |
| Country | <Ctry> | FRAYHX | ZLISO |
| DebtorAccount | <DbtrAcct> | | |
| Identification | <Id> | | |
| IBAN | <IBAN> | FRAYHX | ZIBAN |
| RemittanceInformation | <RmtInf> | | |
| Unstructured | <Ustrd> | DMEE_ | TEXT (1) |
| | | PAYD | TEXT (1) |
| | | DMEE_ | TEXT (1) |
| | | PAYD | TEXT (1) |
| | | DMEE_ | Befüllungsregeln siehe |
| | | PAYD | oben im Abschnitt |
| | | DMEE_ | »Texttypen« |
| | | PAYD | |

Tabelle 4: Aufbau des DMEE-Formatbaums für SEPA_DD

Quelle: Entnommen aus: Weiss, J. (2009): SEPA-Umstellung mit SAP, S. 204ff.

## Anhang 7: Datenfelder der SEPA-Mandatsverwaltung

| SAP-Feld und Bedeutung | Datentyp/Länge | Tabelle oder Struktur |
|---|---|---|
| MANDT (Mandant) | CHAR/4 | Tabelle<br><br>SEPA_MANDATE |
| MGUID (eindeutiger Schlüssel des Mandats) | RAW/16 | |
| MNDID (eindeutige Mandatsreferenz) | CHAR/35 | |
| MVERS (Version des Mandats, sofern das Mandat geändert wird) | NUMC/4 | |
| SND_TYPE (Debitortyp im SAP-System, zum Beispiel KNA1 für Kunden oder BUS1006 für Geschäftspartner) | CHAR/10 | Struktur<br><br>SEPA_S_SENDER und<br><br>SEPA_S_SENDER_DATA |
| SND_ID (Identifikator des Debitors, z.B. Kundennummer) | CHAR/70 | |
| SND_DIR_ID (abweichender Debitor) *Änderung aufgrund EPC-Regelwerk* | CHAR/70 | |
| SND_NAME1 (Nachname des Debitors) | CHAR/70 | |
| SND_NAME2 (Vorname des Debitors) | CHAR/70 | |
| SND_STREET (Straße des Debitors) | CHAR/70 | |
| SND_HOUSENUM (Hausnummer des Debitors) | CHAR/10 | |
| SND_POSTAL (Postleitzahl des Debitors) | CHAR/16 | |
| SND_CITY (Stadt des Debitors) | CHAR/35 | |
| SND_COUNTRY (Land des Debitors) | CHAR/3 | |
| SND_IBAN (IBAN des Debitors) | CHAR/34 | |
| SND_BIC (BIC des Debitors) | CHAR/11 | |
| SND_DIR_NAME (direkter Kundenname, sofern dieser vom Debitor abweicht) | CHAR/70 | |

| | | |
|---|---|---|
| SND_LANGUAGE (Sprachenschl.) | LANG/1 | |
| REC_TYPE (Kreditortyp im SAP-System, zum Beispiel BUS2002 als zahlender Buchungskreis) | CHAR/10 | |
| REC_ID (Identifikator des Kreditors, zum Beispiel Buchungskreis) | CHAR/70 | |
| RED_DIR_ID (abweichender Identifikator des Kreditors) *Änderung aufgrund EPC-Regelwerk* | CHAR/70 | |
| REC_DIR_NAME (abweichender Name des Kreditors) *Änderung aufgrund EPC-Regelwerk* | CHAR/40 | Struktur SEPA_S_RECEIVER und SEPA_S_RECEIVER_DATA |
| REC_NAME1 (Firmenname des Kreditors) | CHAR/40 | |
| REC_NAME2 (Firmenname des Kreditors) | CHAR/40 | |
| REC_CRDID (eindeutiger Identifikator des Kreditors, der Unique Creditor Identifier) | CHAR/35 | |
| REC_STREET (Straße des Kreditors) | CHAR/60 | |
| REC_HOUSENUM (Hausnummer des Kreditors) | CHAR/10 | |
| REC_POSTAL (Postleitzahl des Kreditors) | CHAR/10 | |
| REC_CITY (Stadt des Kreditors) | CHAR/40 | |
| REC_COUNTRY (Land des Kreditors) | CHAR/3 | |
| REC_TYPE (Referenztyp des Mandats, zum Beispiel Vertragskonto im FI-CA) | CHAR/10 | Struktur SEPA_S_REFERENCE und SEPA_S_REFERENCE_DATA |
| REF_DESC (Beschreibung der Referenz) | CHAR/50 | |
| REF_ID (Identifikator für den Referenztyp, zum Beispiel Nummer des | CHAR/70 | |

| | | |
|---|---|---|
| Vertragskontos) | | |
| FIRSTUSE_DATE (Tag der ersten Verwendung des Mandats) | DATS/8 | Struktur SEPA_S_USE |
| FIRSTUSE_DOCTYPE (Typ des Zahlungsbelegs der ersten Verwendung, zum Beispiel FI-Beleg) | CHAR/10 | |
| FIRSTUSE_DOCID (Nummer des Zahlungsbelegs) | CHAR/70 | |
| LASTUSE_DATE (Tag der letzten Verwendung des Mandats) | DATS8 | |
| LASTUSE_DOCTYPE (Typ des Zahlungsbelegs der letzten Verwendung) | CHAR/10 | |
| LASTUSE_DOCID (Nummer des Zahlungsbelegs) | CHAR/70 | |
| SIGN_DATE (Tag der Unterschrift des Mandats) | DATS/8 | Struktur SEPA_S_ADMIN_EXT |
| SIGN_CITY (Ort der Unterschrift des Mandats) | CHAR/40 | |
| PAY_TYPE (Art des Mandats, zum Beispiel Einmalmandat) | CHAR/1 | |
| VAL_FROM_DATE (Datum, ab dem das Mandat gültig ist) | DATS/8 | |
| VAL_TO_DATE (Datum, bis zu dem das Mandat gültig ist) | DATS/8 | |
| STATUS (Status des Mandats, zum Beispiel aktiv oder temporär gesperrt) | CHAR/1 | |
| ERNAM (Name des Benutzers, der das Mandat angelegt hat) | CHAR/12 | |
| ERTIM (Uhrzeit der Erfassung) | TIMS/6 | |
| ERDAT (Tag der Erfassung) | DATS/8 | |
| CHG_REASON (Grund für die Änderung der Mandats) | CHAR/2 | |

| | | |
|---|---|---|
| ORGIN (dieses Feld wird derzeit nicht verwendet) | CHAR/1 | |
| ORIGIN_REC_CRDID (Ursprungskreditor des Mandats) | CHAR/35 | |
| ORIGIN_MNDID (Ursprungsmandat des Mandats) | CHAR/35 | Struktur |
| GLOCK (es existiert ein globaler Sperreintrag für den Kreditor) | CHAR/1 | SEPA_S_ADMIN_INT |
| GLOCK_VAL_FROM (Datum, ab dem die Sperre gültig ist) | DATS/8 | |
| GLOCK_VAL_TO (Datum, bis zu dem die Sperre gültig ist) | DATS/8 | |
| ANWND (Anwendung, mit der das Mandat angelegt wurde, zum Beispiel FI-CA) | CHAR/1 | |
| ORI_ERNAM (ursprünglicher Anleger) | CHAR/12 | |
| ORI_ERDAT (ursprüngliches Anlagedatum) | DATS/8 | |
| ORI_ERTIM (ursprüngliche Anlagezeit) | TIMS/6 | |

Tabelle 5: Datenfelder der SEPA-Mandatsverwaltung

Quelle: Entnommen aus: Weiss, J. (2009): SEPA-Umstellung mit SAP, S. 154ff.

## Anhang 8: Druckansicht eines SEPA-Mandats im SAP-System

| | | |
|---|---|---|
| | **SEPA Direct Debit Mandate**<br><br>**000000000001**<br><br>Mandatreferenz  (vom  Kreditor auszufüllen) | **IDES**<br>HOLDING AG |

By signing this mandate form, you authorise (A) Ides AGMartin Steiner, Kathrin Walther, to send instructions to your bank to debit your account and (B) your bank to debit your account in accordance with the instructions from Ides AG Martin Steiner, Kathrin Walther,.
As part of your rights, you are entitled to a refund from your bank under the terms and conditions on your agreement with your bank. A refund must be claimed within 6 weeks starting from the date on which your account was debited.
Your rights are explained in a statement that you can obtain from your bank. Please complete all the fields marked *.

| Ihr   Name<br>*Your   name* | * | Sören Hellfritzsch<br>Name  Zahlungspflichtiger<br>*Name of the Debtor(s)* | 1 |
|---|---|---|---|
| Ihre  Adresse<br>*Your  address* | * | Marianne-Plehn-Strasse   82<br>Straße  und  Hausnummer<br>*Street name  and  number* | 2 |
| | * | 81825   München<br>Postleitzahl  und  Ort<br>*Postal code  and  City* | 3 |
| | * | D E<br>Land<br>*Country* | 4 |
| Kundennr.   Zahlungspflichtiger<br>*Debtor  identification  code* | | 0000003471<br>Für  Geschäftskunden:Jene Kundennummer  einsetzen,  die  im Auszugstext  angezeigt  werden soll.<br>*For  business users: write  any code  number  which  you  wish  to be quoted  by  your  bank* | 5 |
| Name   des   Zahlungsempfängers<br>*Creditor's  name* | * | Ides AG Martin Steiner, Kathrin Walther,<br>Name  Zahlungsempfänger<br>*Creditor  name* | 6 |
| | ** | DE93LFA00000000138<br>Kennung  des  Zahlungsempfängers<br>*Creditor  identifier* | 7 |
| | ** | Lyoner Straße 231<br>Straße  und  Hausnummer<br>*Street name  and  number* | 8 |
| | ** | 60441   Frankfurt<br>Postleitzahl  und  Ort<br>*Postal code  and  city* | 9 |
| | ** | D E<br>Land<br>*Country* | 10 |
| Ihre   Kontonummer<br>*Your  account  number* | * | DE62100500000034710000<br>IBAN<br>*Account number  - IBAN* | 11 |
| | * | BELADEBEXXX<br>SWIFT  BIC | 12 |

Abbildung 24: Druckansicht eines SEPA-Mandats im SAP-System

## Anhang 9: Konfiguration der SEPA-Mandatsverwaltung für FI-AR

### Sicht "SEPA - Mandatsverwaltung: Steuerung" anzeigen:

| | |
|---|---|
| Anwendung | F |
| Bezeichnung | Finanzbuchhaltung |

**Subscreen für Selektionsbild**

| | |
|---|---|
| Programmname | SAPLFI_APAR_SEPA_MANDATES |
| Bildnummer | 0100 |

**Subscreen für Detailbild**

| | |
|---|---|
| Programmname | SAPLFI_APAR_SEPA_MANDATES |
| Bildnummer | 0200 |

**Subscreen für Liste**

| | |
|---|---|
| Programmname | SAPLFI_APAR_SEPA_MANDATES |
| Bildnummer | 0300 |

**Subscreen für Zusatzdaten**

| | |
|---|---|
| Programmname | |
| Bildnummer | |

**Funktionsbausteine für Datenergänzung und Prüfungen**

| | |
|---|---|
| Adressdaten | FI_APAR_MANDATE_DEFAULT_DATA |
| Kreditor-ID | FI_APAR_MANDATE_DEFAULT_CRDID |
| Mandat-ID | FI_APAR_MANDATE_DEFAULT_MNDID |
| Navigation | FI_APAR_MANDATE_DOUBLECLICK |
| Anreicherung | FI_APAR_MANDATE_ENHANCE |
| Prüfung | FI_APAR_MANDATE_CHECK |
| Folgeaktionen | FI_APAR_MANDATE_AFTER_SAVE |
| Berechtigung | FI_APAR_MANDATE_AUTHORITY_CHCK |

Abbildung 25: Standard-Konfiguration der SEPA-Mandatsverwaltung für FI-AR

## Anhang 10: SEPA-Geschäftsvorfallcodes

| GVC | Geschäftsvorfall |
|---|---|
| 1XX | ZAHLUNGSVERKEHR |
| 104 | SEPA Direct Debit (Einzelbuchung-Soll, B2B) |
| 105 | SEPA Direct Debit (Einzelbuchung-Soll, Core) |
| 108 | SEPA Direct Debit (Soll; Rückbelastung, B2B) |
| 109 | SEPA Direct Debit (Soll; Rückbelastung, Core) |
| 116 | SEPA Credit Transfer (Einzelbuchung-Soll) |
| 153 | SEPA Credit Transfer (Einzelbuchung-Haben, Lohn-, Gehalts-, Rentengutschrift)[1] |
| 154 | SEPA Credit Transfer (Einzelbuchung-Haben, Vermögenswirksame Leistungen)[2] |
| 156 | SEPA Credit Transfer (Einzelbuchung-Haben, Überweisung öffentlicher Kassen)[3] |
| 159 | SEPA Credit Transfer Retoure (Haben) für unanbringliche Überweisung (Rücküberweisung) |
| 166 | SEPA Credit Transfer (Einzelbuchung, Haben) |
| 171 | SEPA Direct Debit Einreichung (Einzelbuchung-Haben, Core) |
| 174 | SEPA Direct Debit (Einzelbuchung-Haben, B2B) |
| 177 | SEPA Credit Transfer Online (Einzelbuchung-Soll) |
| 181 | SEPA Direct Debit (Haben; Wiedergutschrift, Core) |
| 184 | SEPA Direct Debit (Haben; Wiedergutschrift, B2B) |
| 191 | SEPA Credit Transfer (Sammler-Soll) |
| 192 | SEPA Direct Debit (Sammler-Haben, Core) |
| 193 | SEPA Direct Debit (Soll, Reversal) |
| 194 | SEPA Credit Transfer (Sammler-Haben) |
| 195 | SEPA Direct Debit (Sammler-Soll, Core) |
| 196 | SEPA Direct Debit (Sammler-Haben, B2B) |
| 197 | SEPA Direct Debit (Sammler-Soll, B2B) |

[1] Wird verwendet für folgende ISO-Codes aus dem Feld „Purpose": BONU, PENS, SALA. Die Belegung des Feldes „Category Purpose" wird ignoriert.
[2] Wird verwendet für den ISO-Code CBFF aus dem Feld „Purpose". Die Belegung des Feldes „Category Purpose" wird ignoriert.
[3] Wird verwendet für folgende ISO-Codes aus dem Feld „Purpose": GOVT, SSBE, BENE. Die Belegung des Feldes „Category Purpose" wird ignoriert.

Tabelle 6: SEPA-Geschäftsvorfallcodes

Quelle: Entnommen aus: UniCredit Bank AG (2012b): Anlage zur SEPA-Kundeninformation: Technische Spezifikationen und Formate, S. 26

# Anhang 11: Einlesen Elektronischer Kontoauszug im SAP-System

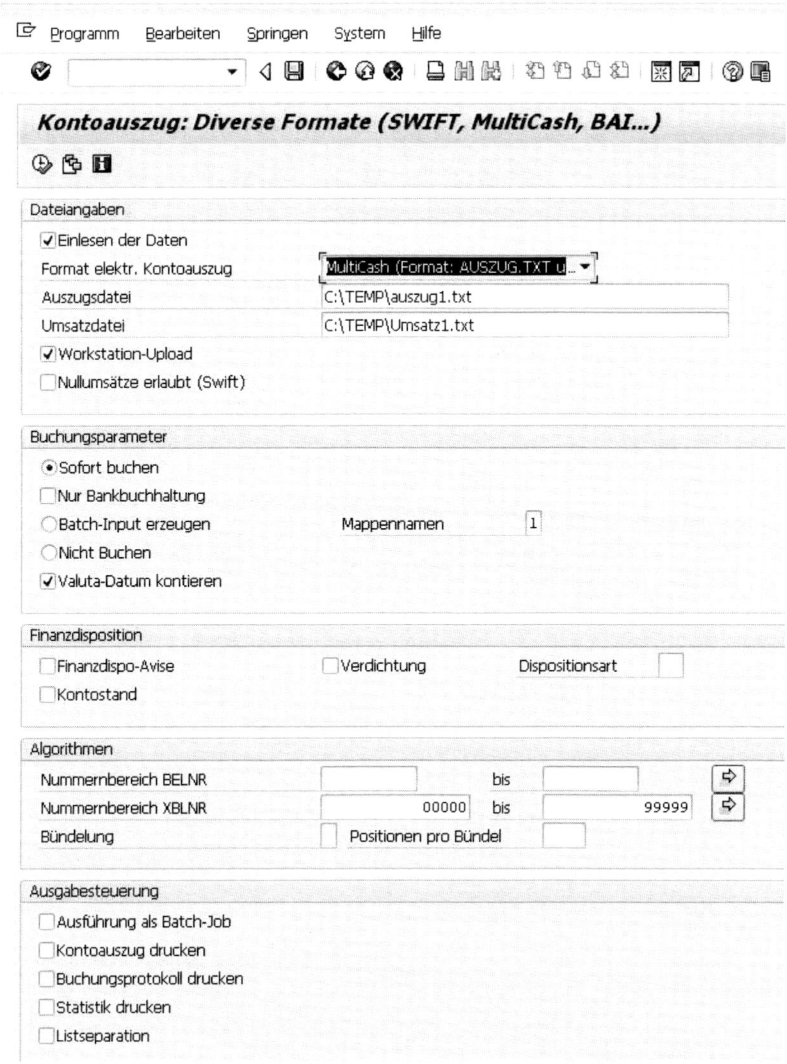

Abbildung 26: Einlesen Elektronischer Kontoauszug

## Anhang 12: In dieser Arbeit behandelte SAP-Transaktionen

| SAP-Transaktionscodes | Bedeutung |
|---|---|
| BAUP | Länderspezifische Bankenverzeichnisübernahme |
| BIC | Bankenverzeichnisübernahme aus der BIC-Datei |
| DMEE | Data Medium Exchange Engine |
| F110 | Maschineller Zahllauf |
| FBZP | Konfiguration Zahlprogramm pflegen |
| FF.5 | Einlesen Elektronischer Kontoauszug |
| FSEPA_M1 | Mandat anlegen |
| FSEPA_M2 | Mandat ändern |
| FSEPA_M3 | Mandat anzeigen |
| FSEPA_M4 | Massenaktivität SEPA-Mandate |
| IBANMD | Stammdaten-Down-/Upload für IBAN-Generierung |
| OBPM1 | Pflege der Zahlungsträgerformate (PMW) |
| OY17 | Feldprüfungen der Bankschlüssel |
| SM30 | Tabellen/Sicht-Pflege |
| SPRO | IMG-SAP-Customizing |

Tabelle 7: SAP-Transaktionen